Eine sehr persönliche Reise –
unter dem Eindruck des Unüberwindbaren
niedergeschrieben …

Birgit Sattler

Eis.Leben

Meine Forschungsreisen in die Antarktis

Tyrolia-Verlag · Innsbruck-Wien

Gefördert von tirol Unser Land

Der Druck dieses Buches wurde unterstützt von der Abteilung Kultur im Amt der Tiroler Landesregierung.

MIX
Papier aus verantwortungsvollen Quellen
FSC® C014138
FSC www.fsc.org

Umschlaggestaltung: Tyrolia-Verlag, unter Verwendung eines Bildes der Autorin sowie der gemeinfreien geographischen Karte Antarktikas von https://de.wikipedia.org/wiki/Antarktika, zur Verfügung gestellt von lima.nasa.gov/antarctica/
Layout und digitale Gestaltung: Tyrolia-Verlag
Lithografie: Artilitho, Trento (I)
Druck und Bindung: FINIDR, Tschechien
ISBN 978-3-7022-3527-7 *(gedrucktes Buch)*
ISBN 978-3-7022-3528-4 *(E-Book)*
Internet: www.tyrolia-verlag.at

INHALT

DIE BLAUE BLUME

LEBENDIGES EIS

BLUE ICE

Die blaue Blume

DAS KIND IM EIS

Die Autobahn rauscht vom Tal herauf. Der Schäferhund hebt neugierig den Kopf, als ich mich von hinten meinem Opa nähere. Senkt ihn wieder beruhigt, als er mich erkennt, schmiegt sich an die Beine meines Opas. Der Mann mit dem schneeweißen dichten Haar sitzt vor der Küche auf seinem Stuhl und blickt ins Tal hinunter, zieht an seiner Zigarette.

Wir mussten nie viel miteinander reden. Ich sitze neben ihm auf dem Treppenabsatz zur Küche, er blickt weiter ins Tal hinunter. Blickt hinunter auf seinen früheren Arbeitsplatz, die große Fabrik.

„Komm, es wird kalt, gehen wir rein", sagt er. Wir gehen ins Wohnzimmer, an seinen schweren Schreibtisch aus Eichenholz, der Hund weiß Bescheid, es ist jeden Tag derselbe Ablauf, schmiegt sich wieder an seine Beine.

Opas Bücher sind eine Verheißung der weiten Welt für ein fünfjähriges Mädchen wie mich, jedes einzelne ist eine Fahrkarte ins Unbekannte, sei es in die Unterwasserwelt, zu den Mayas, zu Thor Heyerdahl oder in den Dschungel. Ich darf mir eines aussuchen, er kennt sie alle, setzt mich auf seinen Schoß und dreht gedankenverloren seine Lupe. Die Lupe kreiselt auf der Holzplatte, Opa liest mir vor – Amundsen und Scott, der Wettlauf zum Pol, die Lupe kreiselt immer noch, wird langsamer, die Lichtreflexe tanzen auf den Wänden, ich sauge alles auf, was er mir erzählt, ich verliere mich in dem Kreisel, lausche und verstehe nur einen Bruchteil dessen, was ich höre, doch der Geist des Kindes wandert bereits voraus, voraus in das Eis, ohne zu begreifen, was geschieht.

*

Der Hund ist schon lange ein anderer, den Schäferhund musste mein Bruder vor Jahren in der Ecke des Gartens begraben, ein Dackel liegt nun zu Füßen meines Großvaters, wenn er auf dem Stuhl vor der Küche sitzt und in das Tal hinunterschaut.

„Was macht die Uni?“, war seine liebste Frage. Er selbst Naturwissenschaftler, ich die Studentin, er war schon so alt und doch alterslos für mich, er konnte mir immer noch mehr erzählen, als ich auf der Uni hören, mir erlesen konnte. Er blieb ein Rätsel für mich. Habe mich manchmal gefürchtet vor ihm, vor seinem Wissen, seiner Ungeduld mit dem Unwissen anderer Menschen. Ich diskutiere mit dem schwierigen Mann, auch heute noch. Und konnte es ihm doch nicht mehr sagen, dass ich dieser Begeisterung nun nachgefahren bin, dem Strom aus Eis, ohne zu wissen, was er in sich verbirgt, ich bin den Spuren des Kindes nachgegangen und hätte es ihm so gern erzählt.

Das alles geht mir durch den Kopf, als ich auf dem Observation Hill an der gefrorenen Küste der Antarktis stehe. Dieser Berg war für Robert Falcon Scott, dem längst vergangenen Polarpionier, der Aussichtspunkt, um nach möglichen Routen durch das Eis zu suchen. Man hat dort auf dem Gipfel schon lange ein Kreuz aufgestellt für ihn.

Ich stehe allein dort oben, es ist mein letzter Tag in der Antarktis, in wenigen Stunden wird mich das schwere Militärflugzeug, welches auf dem Meereis draußen steht und dessen Turbinen schon beheizt werden, wieder gen

Norden bringen. Möchte diese Stimmung nicht loslassen, doch wenn ich es nicht tue, würde das bedeuten, in monatelanger Dunkelheit auf das erste Sonnenlicht, auf die erste aus dem Norden zurückkehrende Maschine zu warten. Noch hat der Himmel dieses versöhnliche Orange des anbrechenden Tages.

Dort oben auf dem Observation Hill sehe ich Opa vor mir, wie er auf seinem Stuhl sitzt, rastlos mit seinen rissigen Händen über die Armlehnen streicht, wie er es immer getan hat, und mich fragt: „Was macht das Eis?“ Er hat mich hierhergeführt, ein Kreis scheint sich zu schließen. Habe gleichzeitig das Gefühl, nun *ihn* sehen lassen zu können, durch meine staunenden Augen, durch diese irrationale Verbundenheit zum Eis. Ich sehe einen schweren Lavabrocken, den der letzte aktive Vulkan des Kontinentes vor langer Zeit ausgeschleudert hat, ihn werde ich mitnehmen für Opa.

Dieser Stein liegt heute auf dem Friedhof in Fritzens, zwischen dem Efeu, er ist ein Fremdling geblieben, manchmal wird er mit den Hortensien mitgegossen.

GEFRORENE WELLEN

Am Flughafen in Los Angeles organisiere ich mir eine Bleibe an der Endstation der Route 66. Eine heruntergekommene Jugendherberge in Santa Monica. Ich habe etwa siebzig Kilogramm Gepäck in meiner Reisetasche, die eher einem gelben Rettungsboot gleicht, Expeditionsausrüstung, wissenschaftliche Geräte, Glücksbringer, „Seelenwärmer" von Freunden für diese erste dreimonatige Reise ins Eis.

Der Pazifik rollt in schweren Wellen in düsterem Grau auf mich zu. Ich sitze am Strand, die barfüßigen Zehen im Sand, und stelle mir vor, dass die langen Wellen irgendwann gefrieren werden. Spinne in meinen Gedanken zusammen, wie es wohl sein wird auf dem Eis. Wie es aussieht, wenn diese Wellen dann irgendwann tiefer im Süden mitten in der Bewegung erstarren. Habe ich mir zu viel zugemutet, kann man mit dieser Kälte dort überhaupt umgehen? Wieder wandert der Geist voraus ins Eis, ungeduldig.

Die Menschen hier werden mir zu viel, zu bunt, zu laut, ich möchte schon viel weiter sein. Fühle mich unbezwingbar. Diese absurde Vermessenheit fällt plötzlich von mir ab, als ich von einer Telefonzelle aus zuhause anrufe. Ich spüre Besorgtheit aus dem Gespräch und mit ungutem Gefühl bewege ich mich auf der lauten Strandpromenade in dieser schrillen Welt zurück in meine muffige Bleibe.

Über meine Bettdecke huscht eine Küchenschabe. Das ist der Preis, denke ich mir, jetzt beginnt der Dreck.

Der dieses Tor geöffnet hat, heißt John Priscu. Dieser Mann ist untrennbar mit der gesamten Forschungsarbeit in den extremen Lebensräumen der Polargebiete verbunden. Spricht man von Leben im Eis, kommt man an John Priscu nicht vorbei. Unzählige Saisonen hat er in der Antarktis verbracht. Ein schlaksiger Mann mit rumänischen Vorfahren, neugierigen, klugen Augen. Er sitzt in vielen Komitees, die im Zuge der Antarktisforschung gegründet wurden. Kennengelernt habe ich ihn auf meiner ersten wissenschaftlichen Konferenz in den Staaten. Wir haben uns über unser gemeinsames Interesse an einzelligem Leben in der Kälte gefunden. Priscu beschäftigte sich mit dem Überleben von Mikroben im permanenten Eispanzer von antarktischen Süßwasserseen, deren Wasser nie die Sonne sieht, ich erzählte ihm von meiner Arbeit in Innsbruck am selben Thema im alpinen Eis der Hochgebirgsseen. Priscu stellte schnell die Parallele her, sagte, er hätte noch einen Platz frei für die Antarktis im nächsten Jahr. Diese saloppe Einladung bedeutete für mich etwas völlig Unwirkliches, der Heilige Gral schien sich zu öffnen. Tausend Gedanken überschlugen sich blitzschnell, meine Verwunderung hat ihn wenig beeindruckt, er schickte mir einige Wochen nach unserem Treffen alle Formulare, die für die Teilnahme an einem solchen Projekt nötig sind.

Der gläserne Mensch. So dachte ich mir, als ich wochenlang von Arzt zu Arzt pilgerte, um die Blätter zu meinem Gesundheitszustand ausfüllen zu lassen. Es wird hundertprozentige Gesundheit vorausgesetzt. Verständlich, denn wie hilft man sich in solch extremen Umständen, wenn man zum Beispiel Zahnschmerzen hat? Erfüllt man diese Kriterien nicht, dann gibt es auch keine Fahrkarte ins Eis. Alkohol- und Nikotingebräuche werden abgefragt, Schwangerschafts- und Aidstest gemacht, sportmedizinische Gutachten erstellt, schlussendlich ein zahnärztlicher Befund. Der sagte mir, dass ich auf diese Reise verzichten kann mit diesem Zustand der Weisheitszähne. Die Besessenheit ließ mich schließlich drei Wochen vor der Abreise unter Vollnarkose alle Weisheitszähne entfernen. Freunde verstanden mich nicht mehr, aber dieser Wunsch, so weit südlich zu kommen, wurde zur Manie. Die Operation ist so unglücklich verlaufen, dass ich heute noch in einem Teil des Gesichtes kein Gefühl mehr habe. Eingetauscht gegen das Ticket ins Eis. Würde es wohl wieder tun.

*

Ich kenne noch niemanden von unserem Team, sie arbeiten alle in Bozeman, Montana. Cowboyland, wird mir erklärt. Das erste Zusammentreffen findet am Flughafenterminal statt. Was, wenn wir nicht zusammenpassen? Es dauert nicht lange, bis mich eine kleine Gruppe Männer anspricht. „*You must be European*“, ist ihre Begrüßung. Mir ist nicht klar, wie man eine amerikanische Frau in Jeans von einer europäischen Frau in Jeans unterscheiden kann. Der erste Kontakt. Das also ist meine „Familie“ für die nächsten Monate unter extremsten Bedingungen.

Wir checken ein zu unserem Flug nach Auckland und Christchurch in Neuseeland. Der Flug dauert ewig. Wie verschiedenartig die Passagiere sind, die beinahe alle dasselbe Ziel haben. Viele haben einen Vertrag in McMurdo, der größten US-Basis des antarktischen Kontinents.

Ich sitze neben einer jungen Frau, die dort für das Müllmanagement verantwortlich sein wird. Schräg vor mir eine etwas ältere Frau, sie wird in der Feuerwehrbrigade arbeiten. Feuerwehr in der Antarktis, ist das nicht absurd? Bald wird mir klar, dass der Verlust eines Daches über dem Kopf, und sei es auch nur eines Zeltes, dort lebensbedrohlich ist. Ich bin erstaunt über die Anzahl von Frauen in verantwortungsvollen Berufen. Die Männer daneben unterstehen ihnen, sei es im Hubschrauberhangar, im Lebensmittellager oder im Sicherheitsteam.

Wir fliegen auf 10.000 Metern Höhe von einem Kontinent zum anderen, von einer Zivilisation zur nächsten, näher zum Eis. Wo wird das aufhören? Vielleicht ist die Erde in Bezug auf diese Sicherheit vorgaukelnde Zivilisation doch eine Scheibe. Denn irgendwo muss es doch aufhören, sicher zu sein, irgendwann fällt man doch runter und kann sich nicht mehr halten.

DIE BLAUE BLUME

Wie verändert das Eis den Menschen? Was passiert dort mit der Seele?

Will nun nicht mehr warten. All jene, mit denen ich gesprochen habe, haben dieses bestimmte Glitzern in den Augen, als ob alle besessen wären, fast schon macht es mir Angst.

Ich kenne diesen Blick von den jungen Bergsteigern aus meinem Dorf, habe mich als Kind oft vor diesem Funkeln gefürchtet, wenn sie bei uns zuhause auf Besuch waren und von ihren Erlebnissen erzählt, unzählige Dias gezeigt haben. Da war diese Besessenheit, diese völlige Unterwürfigkeit dem gegenüber, was ihr Denken und ihr Sein so in Besitz genommen hat – der Fels, der Berg, die Erstbesteigung, die Expedition. Es hat sie verändert.

Manche von denen, die früher in unserem Wohnzimmer gesessen sind und sich in ihren Erzählungen vergessen haben, sind irgendwann nicht wieder heimgekehrt. Als ich noch klein war, dachte ich mir immer, der Berg hat sie jetzt gefressen und gibt sie einfach nie wieder her. Mit der Naivität des Kindes erkennt man die Realität, ungeschminkt und ehrlich.

Mein Vater ist ein Bergsteiger. Auch in ihm erkenne ich heute noch dieses Funkeln, es ist geblieben, trotz der vielen, die sich der Berg gestohlen hat. Trotz der vielen, die man hinterher suchen gehen musste, aus dem Schnee ausgraben oder für nie gefunden erklären. Und trotz der vielen Daheimgebliebenen, denen man einen Weg durch die Traurigkeit zeigen musste. Manche sind oben geblieben in diesen Höhen, die kein Leben mehr versprechen, manche hatten das Glück, nach Hause gebracht zu werden. Ihr Fanatismus wurde am Fels, im Eis, an irgendeiner Gipfelwechte gebrochen, und doch steckt die Gischt alle an, die hinter ihnen kommen.

Die blaue Blume.

Seit ich denken kann, war die blaue Blume das Symbol für die Sehnsucht, weggehen zu dürfen, etwas zu suchen, es vielleicht auch zu finden. Früher hatte ich immer an diese blaue Blume geglaubt, sie blühte am Wochenende, wenn mein Vater seinen Rucksack zum Klettern packte, sie existierte in meinem kindlichen Denken sogar als tatsächliche Blume, wie ein Enzian, nur seltener und sehr scheu, so, dass man sie suchen musste, suchen wie das in einem Lichtstrahl vorbeihuschende Christkind im verschneiten Garten.

Diese blaue Blume blühte auch meinem Wahlonkel Josl Knoll, der in meiner Erinnerung mit Schwedenbomben verbunden bleibt, die er kistenweise bei seinen Besuchen zu uns nach Hause brachte, und mit Polsterschlachten mit uns erpresserischen Kindern, die erst nach der Aufopferung der Kissen und systematischer Vernichtung aller Schwedenbomben schlafen wollten. Ich glaube, er ist immer noch auf der Suche nach der blauen Blume. Bei seinem Versuch in den Siebzigerjahren, als bis dahin ältester Bergsteiger den Mount Everest zu besteigen, ermöglichte er durch eine auf diesen Höhenmetern übergroße Geste des Verzichts seinem Freund den Gipfel. Wurde die blaue Blume aber einmal verschenkt, kommt sie nicht zurück. Vielleicht hat er es nie verwunden. Ein Blütenblatt hat er sich jedoch behalten und mir mitgebracht, indem ich seine Bilder dieses zerfurchten

Gebirges sehen, seinen Geschichten lauschen durfte. Sein Freund, der gefeierte Gipfelsieger, hatte sie wohl auch gefunden, als ihm eine Tochter geboren wurde, die er nur drei Jahre lange aufwachsen sah, bis er sich wieder auf die Suche machte und davon nicht wieder zurückgekehrt ist.

Man kann wohl seine Kinder nicht vor diesem Suchen schützen. Als ich meinen Eltern das erste Mal davon erzählte, dass ich in die Antarktis eingeladen worden sei, sah ich Angst in ihren Augen. Es tat mir fast weh, es ihnen zu sagen. Die Hoffnung, dass wenigstens eine aus der Familie dem allem fernbleiben würde, hat sich nicht erfüllt. Zugleich war ihre Freude zu spüren, es wird für mich etwas ganz Großes wahr.

Es ist wohl oft die Unfähigkeit, an dem Ort, wo man ist, glücklich zu sein, wenn man immer noch weiter sucht. Oder die Unfähigkeit, das Glück zu erkennen. Krankhaft nennen es Menschen, die ihren Lebensmittelpunkt schon gefunden haben. Mutig und nachahmenswert die, die immer die Tasche umgehängt behalten und nie ihre Schuhe abstreifen können.

Doch was ist Mut?

Mut, etwas aufs Spiel zu setzen, was man vielleicht gar nicht besitzt? Mut, wenn man Annehmlichkeiten verlässt? Wenn man meint, sich immer mit der Natur messen zu müssen? Wenn man meint, Rekorde brechen zu müssen?

Mein Vater ist für mich der mutigste Mann, weil er seine sieben Leben am Berg nicht verbraucht hat. Wovon aber niemand spricht: Meine Mutter wird für mich stets die mutigste Frau bleiben, weil sie sich immer mit der Furcht vor den vielen schon gekosteten Leben konfrontieren muss.

Lebendiges Eis

SÜDWÄRTS

Gehst du ins Eis, gehst du ins *Baileys*.

Ein auf irisch gemachtes Pub inmitten von Christchurch in Neuseeland. Wenn man Leute treffen will, welche gerade von McMurdo kommen oder die Reise ins Niemandsland noch vor sich haben, dann geht man dorthin. Dieser Wechsel findet immer im Oktober statt. Auch alleine als Frau ist es völlig legitim, dort mit einem Bier am Tresen zu stehen. Ungebrochene Solidarität liegt in der verrauchten Luft, alle scheinen Freunde zu sein, auch wenn das Eis Krallen in Freundschaften schlagen kann. Der Hinterraum ist gespickt mit Bildern von Menschen, die auf dem Eis arbeiten, Fremde und doch bekannt, sind sie in dieser großen Familie praktisch die Familienoberhäupter. Es ist ihr Terrain.

Ich stehe einen letzten Flug lang vor meiner ersten Ankunft im Eis. Wenig Ahnung habe ich von dem, was mich erwartet, die wissenschaftliche Vorbereitung ist im Grunde ein Bruchteil von dem, wofür man sich eigentlich vorbereiten müsste. Ich unterhalte mich mit den Männern in den karierten Flanellhemden, die im Eis im Dunkeln überwintert haben, ihre nicht mehr ganz nüchternen Erzählungen lassen mich kurzzeitig zu ihnen aufschauen. Die Männer spielen ihre Klischees auf der Orgel des Eises. Sie erzählen von verreckten Maschinen, wilden Festen, kollabierten Kollegen (kollabiert bei Trinkexzessen, nicht wegen der harschen Bedingungen). Keiner erzählt von der immerwährenden Dunkelheit über den Südwinter hin, von welchem sie gerade wieder ins Licht eingetaucht sind. Keiner erzählt, wie sehr er sich wieder nach würziger Luft gesehnt hat, nach dem Rascheln von Blättern in den Bäumen. Nach der Farbe Grün. Kein einziger. Und doch bin ich davon überzeugt, dass es ihnen gefehlt haben muss. Aber jetzt klingt alles so selbstverständlich, als lebten sie für ihren Alltag, der genauso gut irgendwo in Texas oder Idaho sein könnte. Ich verstehe nichts. In meiner Fantasie kamen sie gerade mitten aus der Dunkelheit, sie haben seit März keine Sonne mehr gesehen, keine Bäume, keinen Vogel mehr gehört, und sie erzählen mir von Schneeraupen, deren motorisches Innenleben ihren Rhythmus bestimmt hat.

Ich unterhalte mich mit einem Mann aus Kalifornien, mittleres Alter, bärtig, er hat über den gesamten Winter bei der Schneeräumung gearbeitet. Glaube nicht an den Mut, an diese Kaltschnäuzigkeit. Mich wundern seine fein geschnittenen Hände. Ich frage ihn, ob er diesen Job in den Staaten auch schon gemacht hat. Er verneint, nimmt einen anständigen Schluck von seinem Bier, „nein", sagt er, „in Los Angeles bin ich Richter." Der Schaum auf dem Bart landet reflexartig in seinem Ärmel. Kann mir diesen Typen nicht in der Richterrobe auf dem Gerichtsstand vorstellen. „Was ist denn nun deine richtige Welt?", frage ich mich still. Der Gedanke beschleicht mich, ob das Eis Menschen verrohen lässt.

Männer und Frauen mit solidem Hintergrund geben für ein Jahr ihre Stellungen auf, um irgendwo im Nichts einem Traum nachzugehen. Baggerfahrer würden sich vielleicht wünschen, einmal in ihrem Leben die Vorteile eines Lebens als Richter zu genießen. Die Richter tauschen ihr gezuckertes Leben ein für eine Erfahrung im Eis. Ich verstehe noch immer nicht.

Neben mir an der Bar stehen Männer in Navy-Uniformen. Diese Männer stammen noch von der *Operation Deep Freeze* aus den Sechzigerjahren, als McMurdo eine Ansammlung von Zelten in den Händen des Militärs war und von der US-Navy geleitet wurde. Bis zu diesem Jahr hatte die Navy auch die Leitung des gesamten Flugverkehrs inne, es ist nun das erste Mal, das eine private Firma zumindest den Hubschrauberverkehr übernehmen wird.

Auch einige Frauen halten ihre Drinks in ihren von der Kälte aufgesprungenen Händen, stehen herum, rauchen, unterhalten sich, meist mit kurzgeschorenen Haaren, selbstbewusste Frauen. Starke Frauen. Man sieht an ihren Gesichtern, sie werden wiederkommen. Charaktere wie diese prägen das Bild der größten Forschungsstation auf dem Kontinent.

Es ist Frühling auf der Südhalbkugel, Oktober, doch fröstelt es mich. Mit meinen Kollegen gehe ich durch das windige Christchurch nach Hause. Nach Hause ist ein *Bed & Breakfast,* welches zur Gänze „Antarktianer“ beherbergt. Das Haus ist bis unter das Dach voll mit Reisetaschen, Rucksäcken, Ausrüstungsgegenständen, man sieht eingepackte Gitarren, sogar ein Rad geht mit auf die Reise. Alles abgestellt in diesem kitschigen kleinen Häuschen im Empire-Stil, hier ein Figürchen, da ein Rüschchen.

Fingees werden die Erstankömmlinge genannt. In McMurdo gibt es eine eigene Sprache, welche man zum Glück rasch durchschaut. *Fingees* sind die *fucking new guys,* die Neuen, die keine Ahnung haben, jene, die bereits eine Stunde vor der Landung in völlig übersteigerter Art herumprobieren, welche Handschuhe nun am besten sind, und dann mit ihrer kompletten Überlebensausrüstung aus dem Flugzeug aussteigen.

Doch wer erzählt uns von der Angst, wie man damit umgeht? Die Neuen werden gerne belächelt, gehänselt. Die schlimmste Kombination jedoch ist es, ein *Fingee* und ein *Beaker* zu sein. Die *Beakers* sind Wissenschaftler, nach den Bechergläsern für ihre Laborexperimente benannt. Den *Beakers* wird wenig Durchhaltevermögen zugedacht, wahrscheinlich auch deswegen, weil die wenigsten Wissenschaftler sich über eine gesamte Saison auf dem Eis aufhalten, sondern oft nach spätestens vier Monaten alle finanziellen Ressourcen zum Unterhalt auf den Stationen aufgebraucht haben.

ENDLICH ATMEN

„*The girls to the right, the men to the left room, please.*“ Neuseeländisch ist für das Ohr gewöhnungsbedürftig. Die Dame mit dem strengen Haarschnitt wedelt im CDC, dem *Cloth Distribution Centre*, mit einer Liste herum, versucht, den kopflosen Haufen irgendwie zu organisieren. Mit dem amerikanischen Forschungsfonds, dem *National Science Foundation* NSF, zu reisen, bedeutet, von ebendiesem völlig eingekleidet zu werden. In den Räumen, in welche wir nach Männern und Frauen getrennt geschickt werden, steht eine Unzahl an orangen Segeltuchtaschen auf dem Boden, jede mit einem Anhänger mit unseren Namen versehen. Für jeden stehen zwei vollgefüllte Taschen bereit. Die energische Dame erscheint und bittet uns, jedes Kleidungsstück anzuprobieren. Außer dem Inhalt dieser Taschen wird es wenig zivile Kleidung geben.

„Es mag ja ganz sexy sein, wenn die Dinge straff sitzen“, meint sie, und man spürt, dass sie diesen Satz schon oft wiederholt haben muss, „McMurdo jedoch ist kein Ort dafür, meine Damen, es kann einem die Monate auf dem Eis zur Hölle machen, wenn die Kleidung oder besonders die Schuhe nicht passen.“ Ein Argument, welches man gerne gelten lässt. Wenn man die Schuhe auspackt, vermutet man einen Irrtum. Sie gleichen überdimensionalen schmutzig-weißen Gummistiefeln und haben ein unglaubliches Gewicht. Auf der Seite befindet sich ein Ventil, ich versuche, über Blickkontakt zu einer anderen Frau Klarheit über dessen Funktion zu bekommen, hoffe, nicht die einzige zu sein, die nichts mit diesen hier *bunny boots* genannten Plastikmonstern anfangen kann. Kapiere schließlich, dass man mit dem Ventil das innere Luftvolumen variieren kann. Die zarte Frau neben mir legt sich zwei Stapel zurecht und antwortet ganz selbstverständlich auf mein fragendes Gesicht hin, „dieses Zeug bleibt hier, das kann man als Frau nicht gebrauchen." Dabei zeigt sie vor allem auf einen sogenannten *Long John*, einen Fleece-Overall ohne Ärmel. Ich finde den Overall herrlich flauschig, verstehe nicht, warum ich gerade darauf verzichten soll. Doch ich würde bald wissen, welche Dinge man als Frau wirklich gebrauchen kann. Um auf die Toilette gehen zu können, die es meist gar nicht gibt, gibt es nichts Unpraktischeres als einen Overall, den man zur Hälfte ausziehen muss, um sich erleichtern zu können.

Thermo-Unterwäsche ist dabei in Ockerbraun, Navy-Farben, olivgrüne Strümpfe, kratzig, Lederhandschuhe mit Ölflecken übersät, noch nach Öl stinkend. Eine grellrote Jacke mit angedeuteter pelzverbrämter Kapuze, der Pelz sieht abgenagt aus. Auf der Brust ist Platz für ein Namensschild. Ich krame in der Tasche, hier ist mein Schild. Ich wurde amerikanisiert, aus Birgit wurde Brigit. Über dem Schild ein Aufnäher des amerikanischen polaren Programms des NSF, für die stolze Brust. Schibrillen gegen Schneestürme, eine Plastikflasche. Wie praktisch. Ich fülle meine angefangene Cola-Dose in die Flasche um. Die Frau neben mir grinst süffisant und erklärt langgezogen, das würde sie lieber nicht tun. „Warum nicht? Wegen der Gefahr des Gefrierens?" Sie lacht über meine Unwissenheit, verdammt, warum muss man sich hier bei jeder Gelegenheit blamieren?

„Diese Flasche wird zu deinem besten Freund", erklärt sie mir, grinst immer noch schelmisch, ihr Lachen hat auch andere Frauen hergelockt, die offensichtlich das Geheimnis schon kannten, schon auf die Neuen, auf die Opfer gewartet haben. „Die *pee-bottle* wird gepflegt, sie darf nicht gefrieren, sonst bist du in *fucking troubles.*"

Erst jetzt erfahre ich, dass sogar Urin und Fäkalien wieder nach Amerika verschifft werden. Ihre Reise beginnt in dieser kleinen Plastikflasche. Jeder ist natürlich selbst für sich verantwortlich, seine Spuren zu sammeln.

Nun gut, also kein Cola in die Flasche.

Ich bin gekränkt, dass man hier immer nur die Hälfte erfährt. Doch hier ist kein Platz für Eitelkeit, schon bald lache ich darüber, denke an die vielen Frauen, die nach mir hier stehen und versuchen werden, Trinkbares in ihren besten Freund zu füllen.

Das Unterhemd zu klein, die Hose zu weit, die Schuhe wieder zu klein. Die Frauen stehen halb nackt oder mit irgendwelchen Einzelteilen aus den orangefarbenen Taschen bekleidet vor einem Tresen und warten, bis ihnen ein Mann in blauer Montur aus einem Lagerraum die passenden Größen hinüberschiebt. Es dauert, es ist mühsam, wir schwitzen, können uns nicht vorstellen, dass es irgendwann in der nächsten Zeit einmal so kalt werden kann, dass man all diese Dinge braucht. Genauso wie man es sich kaum vorstellen kann, wie sich Hunger anfühlt, wenn der Bauch gefüllt ist. Wir beobachten uns gegenseitig, sind alle ein komischer Anblick in unseren Uniformen, das bringt ein Gefühl der Solidarität, das das Eis brechen lässt.

Die Anprobe ist zu Ende, wir haben am Tresen umgetauscht, was möglich war, oder untereinander getauscht. Wir erfahren, dass der Flug vielleicht schon heute Nacht losgeht, wir sollten uns jedenfalls bereithalten und Christchurch nicht verlassen.

Ich spüre eine leichte Gänsehaut, fühle mich plötzlich überrumpelt, es geht mir jetzt doch zu schnell. Wir werden wieder in unsere Bleibe zurückgebracht, beklommen gehe ich zu Bett, ich möchte noch zuhause anrufen, mich verabschieden, es kann ja doch sein, dass ich mich lange nicht mehr melden kann. Einen Moment lang denke ich mir, die Polarpioniere des 20. Jahrhunderts können sich vor ihrer Abreise nicht anders gefühlt haben, aber dann wird mir klar, welch überhebliche Fehleinschätzung es ist, sich mit diesen Männern vor hundert Jahren vergleichen zu wollen. Heute wird es niemanden mehr berühren, ob du am Eis bist oder nicht, nur dich und die Deinen. Zum Glück. Aber das werde ich erst später erkennen.

Um drei Uhr morgens klopft es an meiner Tür, *„get up, Bridschett, we're going.“* Ich nehme in meiner Schlaftrunkenheit nichts auf, war doch gerade noch in einem Traum, höre nur immer wieder dieses *„we're going, we're going.“* Fassungslosigkeit macht sich breit, langsam, als ob ich noch etwas verhindern könnte, ziehe ich mir meine dicken Hosen an, die Daunenjacke, lege mir die Handschuhe zurecht, die luftisolierten Gummistiefel.

Wie absurd, es ist Sommer, alles ein Theaterstück, eine neuseeländische Sommergroteske.

Vor der Zimmertür wird es laut, hektisch, die Leute auf dem Gang sind nicht mehr zu erkennen in ihren schweren Jacken. Wer seid ihr? Wem vertraue ich mich hier eigentlich an? Die Wirtsleute, in Morgenmäntel gehüllt, geben uns noch Tee und Zwieback, wünschen uns lächelnd alles Gute, *„see you in some months, maybe“*, gehen wieder zu Bett, als der Bus uns vor der Tür abholt. Die Szene wiederholt sich für sie von Saison zu Saison, es ist ihr normaler Rhythmus: Schichtwechsel auf dem Eis, egal, zu welcher Uhrzeit. Hat für sie wohl dieselbe Brisanz wie eine gute Tasse englischer Tee.

Niemand spricht, alle sind müde, beklommen, wir fahren wieder ins CDC, dort werden unsere Daten auf einer Liste abgehakt. Beim Verlesen der Namen bekommt jeder zwei Aluminiumplaketten. Ich kenne sie noch von meinem großen Bruder, als er beim Bundesheer seinen Heeresdienst absolviert hat. Ich war damals acht Jahre alt, mein Bruder hatte immer diese Aluminiumkette um seinen Hals, auf der sein Name eingestanzt war. Auf dieser hier steht B Sattler. Eine Plakette mit einer langen Kette, eine mit einer ganz kurzen. Mit großen Augen starre ich einem Amerikaner, der neben mir steht, ins Gesicht. „Wofür?" Er versteht, sagt, die kurze Kette komme dann an die große Zehe. Ich verstehe noch immer nicht.

„Falls der Vogel schneller runterkommt als geplant, dann bleibt nicht mehr viel übrig von dir, *girl*, dann müssen sie dir doch noch einen Namen geben, oder?" Lächelnd hängt er mir die lange Kette um den Hals. Ist noch nie passiert, meint er in sanfterem Ton. *„Stay cool, babe"*, sagt er, ich denke mir, verschwinde. Du hast ja keine Ahnung.

Dabei bin ich es, die keine Ahnung hat. Das ist jetzt der Schritt, an dem ich zu weit gegangen bin, denke ich mir, es wird das Risiko mitgedacht, dass wir nicht mehr zurückkommen. Ein fast schon zu großes Gefühl, dieses Risiko einkalkulieren zu müssen. Dieser Gedanke, der schon sehr lange hätte gedacht werden müssen, ist in diesem Hunger untergegangen. Nun steht sie da, erbarmungslos, grinst mich an, verhöhnt mich mit meiner Gier. Jetzt ist es zu spät.

Während wir uns bereithalten und mit der gesamten Ausrüstung bekleidet in der Flughalle warten, wird uns ein Film gezeigt: die Schönheiten der Antarktis, der Schrecken des Kontinents, Frostbeulen, Schneestürme, euphorische Menschen, flatternde Zeltplanen, unglaubliches Licht, irisierend, unberechenbare Eisspalten, watschelnde Pinguine, kalbende Gletscher. Der Film endet mit einem Ausspruch Scotts: „Oh mein Gott, was für ein grausamer Ort." Wie grausam kann dieser Ort werden, denke ich mir, wenn nicht einmal Scott mit ihm fertig geworden ist? Scott, mein Kinderheld, beginnt zu schwächeln. Der schöne Stuck aus Opas Wohnzimmer bröckelt ab.

Unser Gepäck wird von neuseeländischen Soldaten nach draußen befördert, uns bleibt jedem noch eine orangefarbene Tasche oder persönliches Handgepäck. Langsam wird es hell, ich werde gewogen, fühle mich ausgestopft wie ein Plüschtier mit all der Ausrüstung, bekomme einen Passagierschein und gehe auf die Rollbahn hinaus, den anderen roten Jacken hinterher. Es mischen sich auch ockerfarbene Uniformen dazwischen. Die Arbeiter, die für das Funktionieren der gesamten Station verantwortlich sind, tragen laut NSF-Statuten kein Rot.

Es ist grün, draußen steht eine Maschine, im ersten Moment wirkt sie drollig auf mich, die schwarz lackierte Nase der Herkules erinnert irgendwie versöhnlich an eine Comicfigur. Ein Flugzeug in Olivgrün, flankiert von Soldaten in Tarnanzügen, keine Fenster. Ein massiver Blechbauch, hinten offen, frisst unsere Taschen, Schneeraupen, Schneemobile, mehr Soldaten. Frisst und frisst. Mein Lieblingskinderbuch fällt mir ein: Die kleine Raupe Nimmersatt.

Beim Einsteigen werden Lunchpakete in braunem Papier ausgeteilt mit etwas Schokolade, einem Sandwich, einer Orange und Nüssen, dazu Oropax. Eine steile Metallstiege führt in das Dunkel des Flugzeuges, es gibt keine Sitze, nur Metallholme, zusammengehalten mit geflochtenen roten Bändern, Bänke zu beiden Seiten. Männer und Frauen sollen sich getrennt hinsetzen, hinten ist nämlich die Damentoilette: ein Kübel hinter einem Vorhang zwischen der Ladung, welche inzwischen verzurrt wird. Vorne die Herrentoilette: ein hohes, schmales, senkrecht stehendes Metallrohr in einer engen Kabine.

Ich klammere mich an meinen Rucksack, den ich gegen die orangefarbene Tasche ausgetauscht habe, um noch etwas Persönliches zu haben. Setze mich auf die Bänder, versuche, mich im Dunkel des Bauches zu orientieren. Fühle mich wie ein Lemming, wir trotten alle in diesen Bauch hinein, es ist kalt im Inneren. Unzählige kleine Lampen glühen von der unverkleideten Decke, die übersät ist mit Leitungen und Kabeln, ein ungeschminktes Flugzeug.

„Wird hier wohl keinen Film geben nach dem Menü", sagt eine rote Jacke neben mir. Bin nicht aufnahmefähig für irgendwelche Scherze. Er kann nichts dafür.

Die würzige Morgenluft zieht durch das Flugzeug, übernächtigt ziehen sich die rund sechzig Passagiere die Mützen tiefer in das Gesicht, es dauert eine Ewigkeit, die Turbinen werden gestartet und wieder angehalten. Und wieder dasselbe Spiel. Der Lärm erstickt jedes Gespräch. Ein Soldat mit Megafon erklärt uns schlussendlich jenen Inhalt, den bei zivilen Luftlinien sonst adrette Stewardessen mit einem Lächeln, getunkt in viel Lippenstift, säuseln würden.

Es gebe einen *point of no return*, wenn der überschritten sei, können wir nicht mehr umkehren, erklärt er uns. Okay, und was soll das jetzt heißen? Viele rote Jacken schauen sich fragend an, ohne Antwort. Irgendwie bin ich noch nicht ganz im Reinen mit mir, warum nur habe mich selbst in diesen Schlund gestoßen?

Nach einer kleinen Ewigkeit wird die Eingangstüre geschlossen, der Bauch schließt seine Klappe, wir schnallen uns mit den breiten Gurten an und nach einem kurzen Ruck bewegt sich die Maschine langsam auf dem Rollfeld. Im Halbdunkel beobachte ich die Menschen um mich herum, man erkennt sofort jene, für die es nicht mehr die erste Erfahrung ist, sie hängen lässig in den Bändern, zwischen ihrem Gepäck irgendwo ein Buch, sie tragen nicht mehr die Daunenjacken, beginnen schon, das Lunchpaket zu plündern. Die Erstlinge, verkrampft und fremd in den Gurten, die gesamte Ausrüstung praktisch im Anschlag, fingern nervös an ihrer Aluminiumplakette herum, warten angespannt auf den Start, der mit lautem Dröhnen vonstattengeht und uns das letzte Mal das Grün der neuseeländischen Berge, das letzte Mal den schon verblassenden Mond erahnen lässt, der schon längst der Sonne Platz gemacht hat. Wir werden ihn über Monate nicht sehen. Auch die Sterne nicht.

Der Ortswechsel in die Luft verändert auch mein Denken, das Eis fließt mir entgegen, das Denken öffnet sich dem Eis. Bald schon falle ich in einen ruhigen Schlaf, die Versöhnung zwischen dem Drang nach Neuem und der farblosen Sicherheit in alten, ausgetrampelten Pfaden findet statt. Die Zerrissenheit weicht einer Entschlossenheit. Ich reiße mir die Oropax aus den Ohren, ich muss mich nicht mehr schützen, kann mich fallen lassen, bereit, alles zu erleben, sauge alle Eindrücke um mich herum auf.

Endlich.

Der Flug ist wie ein langer Tauchgang durch dunkles Gewässer, Strömungen bringen mich in unbekannte Königreiche, niemals begriffen, immer erhofft, immer davon geträumt und niemals wirklich erfasst, wovon man träumt. Nun erahne ich die Weiten dieser Hoffnungen, dieser Gier und stehe zu ihr. Ich bewege mich nach vorn, klettere über unzählige Paare weißer Gummistiefel, über schlafende Menschen, lesende, essende, sinnierende, fresse mich in meinem Hunger nach dem Neuen durch die Menschen, Körper, Lebensgeschichten.

Ein Soldat bedeutet mir mit einer Geste, zu ihm zu kommen. Er lädt mich ein, hinauf auf das Kommandodeck. Ich steige die steile Eisentreppe hinauf, trete in einen offenen Raum, grelles Licht, Kontrolllampen, ich sehe nichts, das Auge ist verletzt durch das lange Dunkel. Langsam jedoch erkenne ich: Eis, nur Eis.

Nichts anderes mehr, irgendein Gott hat seine Laken verloren, weiße Flächen, Packeis, aufgetürmte Eiskolosse, ungeplante Strukturen, dazwischen angedeutete offene Wasserflächen des polaren Ozeans. Ich setze mich neben den Navigator hin, staune, wie in Honig schwimmend, zäh, unfähig, mich zu bewegen, unfähig, dies alles zu erfassen. Der Pilot blickt über seine Schulter zurück zu mir, grinst, ich erkenne an seinem Gesicht, ich bin als *Fingee* enttarnt. Es macht mir nichts aus, ich fühle mich hier oben nackt bis auf das Skelett. Jeder zusätzliche Breitengrad wirkt wie ein Magnet. Das Neue hat seinen Schrecken verloren, wirkt

Jede Struktur scheint hier vor Kälte erstarrt zu sein, trotz des noch aktiven Vulkans Mount Erebus im Hintergrund.

Es ist ein Leichtes, sich in dieser Weite zu verlieren – orientierungsmäßig wie gedanklich.

Das Packeis über dem polaren Ozean lockert sich im Südsommer für nur kurze Zeit.

Mächtige Gebilde schwimmen träge im Meer, Fragmente aus Tafeleisbergen, stets zum Kippen bereit.

Der gewaltige Abbruch des Matterhorn Glacier in den McMurdo Dry Valleys ist wie ein Klimaarchiv zu lesen.

Ein „Einzelzimmer" in einem historischen Scott-Zelt vor der ständig brechenden Flanke des Canada Glacier.

Die amerikanische McMurdo Station – die größte Forschungsstation auf dem Kontinent – ist das ganze Jahr über besetzt.

Anders als die Polarpioniere können wir uns mit Schneemobilen fortbewegen, um unsere Camps zu erreichen.

fast schon vertraut, obwohl ich kaum was davon gesehen, noch nichts davon gekostet habe.

Trotz unserer Daunenjacken frieren wir im Flugzeug, die Leitungen an der Decke sind inzwischen schon mit dickem Reif überzogen. Die Maschine kann nicht beheizt werden. Viele haben immer noch ihr Buch aufgeschlagen, der Großteil liest über ein Schicksal einer der Polarpioniere.

Man spürt am Druck in den Ohren, dass wir uns im Landeanflug befinden. Ich würde so gerne etwas sehen, doch muss man sich hier auf andere Sinne verlassen. Ich spüre, wir kreisen, scheinbar endlos lange, der Schmerz in meinen Ohren gibt mir nun jede Bewegung weiter. Ein Offizier poltert plötzlich die Treppe vom Kommandodeck hinunter, blickt auf die langen Reihen, die nun endlich verstehen, dass es hier um eine Botschaft ohne Gesprochenes geht. Der Offizier macht mit der Hand eine kreisende Bewegung. Wieder und wieder. Viele schauen verstört, verstehen die Wörter in seiner Hand nicht. Wir schauen uns fragend an. Langsam dringt die Nachricht von den Erfahrenen durch. Die Handbewegung bedeutet einen Bumerang-Flug. Keine Landung, *we go back*, sickert die Botschaft durch.

Was, wir kehren um? Wohin? Keiner kann sich ein Zurück vorstellen, weiß gar nicht mehr, wo „zurück" ist. Der Lärm lässt keine langen Unterhaltungen zu. Wir müssen schlucken, „*that's the word.*" Das letzte Wort, wir fliegen wieder acht Stunden zurück. Eine Landung war wegen Schlechtwetters auf der Forschungsstation McMurdo nicht möglich. Man konnte nichts sehen, es tobte ein Schneesturm, welcher die Sicht unterhalb von 50 Metern absolut unmöglich machte. Enttäuscht rolle ich mich neben meiner Nachbarin zusammen.

Aber was hatte ich denn gedacht? Naives Ding! Ein Flug in das Herz der Antarktis ist eben keine Urlaubsreise. Dieser Durst wird nicht nach Bedarf gestillt. Schon gar nicht dosiert.

Als wir landen, ist es bereits wieder dunkel geworden in Neuseeland. Das Eis hat uns ausgespuckt, das Grün hat uns wieder, doch wir passen hier nicht mehr hin. Voll adjustiert stehen wir etwas verloren auf der grünen Wiese neben der Rollbahn herum, die Müdigkeit und Enttäuschung übermannt uns, hektisch wird es um das Flugzeug. Wir sollen uns für morgen bereithalten, vielleicht morgen, sagt uns wieder die energische Dame. Man merkt ihr die Müdigkeit nicht an, derselbe perfekte Lidstrich wie am Morgen. Pfeif drauf, denk ich mir, krabble in den bereitgestellten Bus, wir werden wieder in unser *Bed & Breakfast* gebracht. Die Wirtsleute, die sich heute Nacht für ein paar Monate von uns verabschiedet hatten, wirken nicht überrascht, als wir wieder vor der Türe stehen. Als Allheilmittel gibt es hier immer Tee, so auch jetzt. Red nicht, trink Tee. Das Wetter ist der Boss, das war alles, was ich dort gelernt hatte. Nichts ist so unberechenbar auf dem Kontinent wie das Wetter.

Der nächste Morgen, dieselbe Prozedur, geweckt werden, Tee trinken, anziehen, warten, in den Bus steigen, Namen abhaken, warten, in den Bauch steigen, warten. Abheben, beleidigte, pfeifende Ohren, die Gedanken heben wieder ab, es ist alles schon etwas vertrauter, nicht mehr so bedrohlich, nicht mehr so kalt, das Fehlen der Stewardessen nicht mehr so lächerlich. Auch ich lese jetzt die Geschichte eines Polarpioniers, *The Worst Journey of the World* von Apsley Cherry-Garrard, Doug, ein Kollege meines Teams, hat es mir vor dem Abflug geschenkt. Lese, döse, warte, lese, esse meine letzte Orange, denke, staune, bis ich Stunden später wieder den Druck auf den Ohren spüre und merke, dass wir im Sinkflug sind, Schleifen ziehen, unzählige, so scheint es, es hebt und senkt sich ganz empfindlich mein Mageninhalt, wir steigen und sinken, es scheint nie zu enden. Plötzlich ein hartes Aufsetzen und wir holpern dahin. Kommen auf genau zwei Meter dickem Eis zu stehen, nichts mehr trennt das tonnenschwere Flugzeug vom eisigen Polarmeer. Der Lärm wird gemein, als die Schubumkehr dagegen arbeitet, ein Einsetzen der Bremsen ist auf dem Eis nicht möglich. Die Turbinen laufen noch, die Herkules vibriert.

Ein schrilles Megafon heißt uns in der Antarktis willkommen: Vergiss nie, wo du dich befindest, vergiss niemals deine Umgebung, du bist hier der Eindringling. Die erste Botschaft auf dem Eis, alles in Militärjargon. Entzückend. Endlich stehen wir, die Türe geht auf, schrilles Licht empfängt uns, es ist neun Uhr abends, die Sonne steht hoch am Himmel, sie wird uns über die ganzen Sommermonate begleiten. Unruhig wird es im Flugzeug, die kalte Luft von außen hat schon das Innere erobert, kriecht bis in die letzte Lücke, Körper werden eingepackt, bewegen sich zaghaft über die Treppe nach unten, den ersten Schritten auf das Eis entgegen.

Ich warte, zu einfach erscheint es mir, nun einfach auf das Eis zu treten.

Für mich selbst ist dieser erste Schritt auf das Eis so bedeutungsvoll wie ein Schritt in eine völlig andere Welt. Was ich hier, auf den Metallstiegen, sofort lerne: Jegliche Empfindung wird an Orten wie diesen schamlos übersteigert. Ich weine. Vor Erleichterung. Vor Glück. „Opa, ich bin jetzt da“, sage ich laut.

Bin angekommen. Endlich. Die Seele kann atmen, weit ist alles, mein Brustkorb fühlt sich so weit und so tief an wie das Meer, über dem ich stehe.

Endlich atmen.

MCMURDO – DIE FORSCHUNGSSTATION

Die Antarktis ist der höchste, trockenste, windigste und kälteste Platz der Erde. Alle Extreme dieses Planeten außer Hitze finden sich auf diesem Kontinent. Vor 200 Millionen Jahren war es noch der Superkontinent, verbunden mit Australien, Neuseeland, Afrika, Südamerika und Indien. Gondwanaland zerbrach, die Bruchstücke machten sich auf ihre langsame Wanderung. Erst vor etwa 45 Millionen Jahren erhielt der siebte Kontinent seine jetzige Position und ein dramatischer Abkühlungsprozess begann. Doch das warme Klima wurde gespeichert, in Felsen, in Sedimenten. Sie geben Fossilien preis, Pollen, versteinerte Baumfragmente, Reptilien, in Stein eingebettet. Stummes Erzählen über flüssiges Wasser, grüne Wälder, Gekreische von Tieren, Rascheln von Blättern.

Amerika wurde entdeckt, gesehen, erobert, untertan gemacht. Doch das Bestehen der lebensfeindlichen Antarktis wurde bereits von den Griechen vermutet und diese Vermutung wissenschaftlich begründet. Pythagoras, Aristoteles, sie glaubten daran, dass die Erde eine Kugel ist. Die Arktis war bekannt, bewohnt, daher musste es auf dieser Kugel ein Gegengewicht geben, sonst würde der Erdball sein Gleichgewicht nicht halten können. Die Sternenkonstellation des Nordens ist Arktos, der Bär. Antarktos ist schlicht sein Gegenpol.

Die Kugel wurde wieder zur Scheibe. Die Kirche konnte den Gedanken nicht akzeptieren, dass der Schöpfer zwei Menschheiten geschaffen haben soll, wobei die unbekannte zweite womöglich ihr eigenes Verhältnis zu Gott hätte.

Frühe Entdeckungsfahrten konnten das tatsächliche Vorhandensein der Antarktis nicht bestätigen. Der Vorstoß in den Süden gelang bis zur gefrorenen See, jedoch nie bis zum Festland. Man zweifelte bereits an der Existenz dieses Gegengewichtes. Nicht einmal James Cook, der nachweislich die Antarktis umsegelte, wobei er keinen einzigen Mann verlor, erblickte die Küste. Er deklarierte diesen Kontinent, sollte es ihn überhaupt geben, als völlig uninteressant, unrentabel. Schlussendlich waren es Walfängerboote, die sich südlicher als jedes andere Segelschiff gewagt haben und dabei die antarktischen Inseln entdeckten. Es dauerte bis 1821, bis die russische Expedition unter der Leitung von Bellingshausen erstmals die Antarktis sah.

Fast 150 Jahre später setzten die ersten zahlungskräftigen Touristen ihren Fuß auf den Kontinent, mit einem PanAm-Flug in den McMurdo Sound gebracht: 1966 wurde das Tor zum Tourismus geöffnet.

Bis dahin war diese mystische Eiswüste die Domäne von Robben- und Walfängern, Entdeckern, Wissenschaftlern und Soldaten gewesen. Heute arbeiten über das Jahr gerechnet in der gesamten Antarktis etwa 3000 Menschen. Über mehrere tausend Kilometer verstreut auf Stationen unter den exotischsten Flaggen. Kaum jemand glaubt, dass Indien, Rumänien, China, Bulgarien oder andere Schwellenländer es sich leisten können, für die aufwendige Logistik dieser abgeschiedenen Forschungsstätten aufzukommen. Oft geht es jedoch auch nur um die physische Präsenz auf diesem Kontinent, denn wenn das Abkommen des Antarktisvertrages in etwa 25 Jahren enden sollte, darf der Boden aufgerissen werden, dürfen die Eingeweide dieses grausamen Paradieses geplündert werden. Die Stationen darauf sollten ihnen ihr Vorrecht dazu sichern. Bis zum Vertragsende im Jahre 2041 jedoch versichern sogenannte Konsultativstaaten wie die USA, Deutschland, Großbritannien oder Norwegen, dass dieser Kontinent ausschließlich dem internationalen wissenschaftlichen Nutzen dienen soll und daher unter keiner politischen Flagge stehen darf. Es dürfen in der Antarktis weder militärische Handlungen stattfinden noch darf gejagt oder dürfen Bodenschätze ausgebeutet werden. Nicht-Konsultativstaaten, zu denen auch Österreich gehört, haben den Vertrag zwar als Unterstützer unterzeichnet, haben aber kein Mitspracherecht.

Die US-Station McMurdo ist die größte Basis auf dem gesamten Kontinent, seit 1956 bereits gibt es diese Einrichtung, die ganz in der Nähe von Scotts Route zum Südpol errichtet wurde. Etwa hundert Containerhäuser auf Stelzen, unter denen der Wind hindurchfegen kann, etwa 1200 Menschen sind hier im Sommer untergebracht, nur ca. 200 in den dunklen Monaten im Winter. Eine gestohlene Zivilisation inmitten des feindlichsten Kontinents.

Der erste Anblick von McMurdo ist ernüchternd. So stellt man sich ein Straflager vor, nicht die Antarktis. Container, Häuser, Radarstationen, verschmutzte Straßen, Geländefahrzeuge. Pick-ups transportieren Kisten, Menschen, Post, Lebensmittel, die Häuser werden mit den oberirdischen Leitungen verbunden, Kanal, Strom, alles läuft oberirdisch, im Sommer, falls es zu tauen beginnt, versinken diese Leitungen im Morast des schmutzigen Schmelzwassers.

Die Neuankömmlinge werden in die Kantine der Station gebracht, unser Gepäck wird vor dem Postgebäude abgeladen. Es ist fast schon heiß im Speisesaal, einige Männer sitzen hier in kurzärmligen Hemden, sitzen vor dampfenden Tassen, schauen neugierig, als wir in dem großen, mit Teppichboden ausgelegten Saal Platz nehmen. Lautes Gelächter am vorderen Ende unserer Gruppe, es gibt hier eine Eismaschine, richtiges Softeis. Daneben ein Tisch mit allerlei möglichen Verzierungen für das Eis: Schokoladestreusel, Smarties, Knusperflocken, Fruchtsauce. Fehlt nur noch McDonald's. Die Essensausgabe findet in gedämpftem Licht statt. In einigen Stunden werden hier Männer in dick wattierten Latzhosen anstehen, welche hier die Nachtschicht zu absolvieren haben.

Der Stationsmanager kommt auf uns zu mit einem Packen Unterlagen, ein sympathisch wirkender Mittfünfziger mit Vollbart, kariertem Flanellhemd, Jeans, er zeigt uns, wo wir wohnen, welche Regeln hier gelten, welche Kurse wir zu absolvieren haben, bevor wir in die Außenlager dürfen. Die Stadt wächst rasch im Oktober, erklärt er uns, wir werden hier bald tausend Menschen sein, wir haben uns an gewisse Regeln zu halten. Keiner verlässt das Stationsgelände, ohne dass bekannt ist, wohin man geht und wann man wieder zurückkehrt, das ist erstes Sicherheitsgebot. Das Wetter schlägt innerhalb von Minuten um, es gibt hier keine Bäume oder Häuser, an welchen man sich orientieren kann, müsst ihr gesucht werden, gibt es Konsequenzen.

Knallharte Anweisungen, doch notwendig für diese große Ansammlung von Menschen.

Die Kurse für die Außenlager erscheinen mir als lästige Hürde, die Ungeduld knabbert am Verständnis für die Notwendigkeit.

„Es reicht für heute", meint der Stationsleiter, „in den Unterlagen steht, wo ihr untergebracht seid." Ich öffne den

Umschlag, *California Hotel* ist meine Bleibe für die nächste Zeit. Zeige den Zettel meinem Nachbarn, der mit mir am Tisch sitzt. Er stöhnt nur, „California Hotel ist ein Massenlager“, sagt er und meint, ich hätte wohl nicht das große Los gezogen.

Gibt es denn etwas Besseres? Kann mir kaum vorstellen, dass es hier Einbettzimmer geben soll. Er bestätigt das Jedoch. „Manche sind fast ein ganzes Jahr hier, wenn die in einem Matratzenlager leben müssten, würden sie sich alle über kurz oder lang zerfleischen. Ich wohne im Shackleton's Inn“, meint er. „Das sind die neueren Container, die haben auf jedem Stock eine Eiswürfelmaschine.“ Diese magischen Eiswürfelmaschinen müssen hier ein wichtiges Kriterium sein. Die nächste Priorität scheint in der Intimsphäre zu liegen, was sehr verständlich ist. Er teilt sich ein Zimmer mit einem Mechaniker aus Idaho. Blick auf den Hafen. Jetzt natürlich zugefroren. Aber dann, im Jänner, kommt der große Eisbrecher und holt den ganzen Dreck hier wieder ab. Gebannt höre ich ihm zu. Kann mir nicht vorstellen, dass in dieser Starre vor der Tür Wellen an das Ufer plätschern. Er bietet an, mir alles einmal bei einem Bier zu erklären, jetzt sollten wir aber unser Gepäck abholen. Eine lange Schlange von roten und ockerbraunen Daunenjacken bewegt sich dem Hügel zu, auf dem der blaue Postcontainer steht, davor liegt ein ganzer Haufen bunter Reisetaschen, auch das Fahrrad hat den Weg bis hierher geschafft. Meine überdimensionale gelbe Gummitasche ist schnell zu finden, müde schleife ich sie auf dem knirschenden Schnee hinter mir her, den Hügel runter, hinein in das *California Hotel*.

Stickige heiße Luft schlägt mir entgegen, als ich die Tür aufmache. Erinnert eher an Singapur als an die Antarktis. Selbst im Sommerkleidchen wäre es hier zu heiß. Hätte man es dabei. Lasse die Tasche liegen auf dem Gang, warte auf meine Kollegen aus Montana, sie sind zum Teil auch hier untergebracht, im Schlafsaal für Männer. Sogar für Ehepaare ist es hier schwer, gemeinsam ein Zimmer zu bekommen, erfahre ich später. Der soziale Stress wird hier zum gemeinsten Gegner.

Plötzlich kommt Priscu herein, schüttelt den Kopf und meint, die sogenannten *Transits* kämen in ein Massenlager, aber nicht seine Leute. Die Stationsleitung vergibt die besseren Unterkünfte natürlich an diejenigen, die über die gesamte Zeit hier in der Station sind. Wir wären nur für einige Tage hier, um dann die folgenden Monate im Zeltlager zu verbringen. Wenn wir wieder zurückkommen nach McMurdo, dann nur kurz, um Proben zu analysieren oder um einfach wieder einmal etwas Zivilisation zu haben, etwas Freiraum zu bekommen. Er werde aber in jedem Fall dafür sorgen, dass wir in Zukunft bessere Zimmer bekommen.

Wir sind aufgedreht, es ist nicht bloßes Einchecken, es ist so, als ob man eine Schwelle übertreten würde, über welche man nicht aus eigener Kraft wieder hinausgehen kann. Aus eigener Kraft erreicht man hier kein Fortkommen. Die Vorstellung prickelt fast schon, diese Überspanntheit hat uns offensichtlich immer noch fest in den Klauen. Es ist schon lange nach Mitternacht, die Sonne wirkt auf uns wie starker Kaffee, gehen wir doch auf den Observation Hill! Der Berg, ein vulkanischer Konus neben der Station, schaut unfreundlich aus, man sieht das Kreuz gut, Schnee fegt um den Gipfel herum. Immer noch in derselben Kleidung wie im Flugzeug, stapfen wir plötzlich wie wild darauf los, betreten wie ferngesteuert den steilen, vereisten Pfad, gehen der Sonne zu. Ich merke, wie mein Rücken nass wird vom Schweiß der Anstrengung. Merke, wie meine Finger langsam gefühllos werden vor Kälte. Ich trage Fingerlinge aus Fleece. Hatte bisher immer warme Hände, egal zu welcher Jahreszeit, wie mein Vater. Hier rächt sich jede Überheblichkeit. Niemand hat immer warme Hände, irgendwann werden sie klamm, kannst sie nicht mehr bewegen, spürst sie nicht mehr, gehören nicht mehr zu dir. Jemand, der es merkt, reibt meine Finger, das Zurückkehren der Durchblutung schmerzt, auch die Erfahrung der Verletzbarkeit. Von unten aus schien der Hügel nur fünfzehn Minuten entfernt, nun stapfen wir fast eine Stunde. Vorbei an der Gedenktafel für Scott, der Weg wird immer steiler, die Gummisohlen rutschen auf dem vereisten schwarzen Stein des Vulkans. Doug, unser Computerexperte, ist der Erste. Er keucht, schaut glücklich aus. Die Sonne steht immer noch im Polartag, ohne hinter dem Horizont zu verschwinden, Mitternacht, zu Hause werden sie gerade zu Mittag gegessen haben, denke ich mir, als ich, ohne es richtig zu registrieren, plötzlich neben Doug am Kreuz stehe. Vor mir eine orange Welt.

Es ist noch Frühjahr, es sind noch Unterschiede zwischen Tag und Nacht spürbar. Die Wolken schicken dicke Schatten auf das Eis hinunter. Das erstarrte Meer unter uns lässt doch Wellen erkennen, am Ufer türmen sich Eisblöcke auf, Eispressungen, man hört die knarrenden Geräusche bis zum Gipfel hinauf. Mount Erebus, der letzte aktive Feuerberg im Eis, spuckt schwerfällige dunkle Schwaden aus seinem Inneren. Ich drehe mich, orange, dort, wo das Licht den Horizont berührt, violett, drehe mich weiter, wo werden wir die nächsten Wochen verbringen? Doug zeigt mit dem Finger auf einen Taleingang über dem weiten Meeressund. Das ansteigende Gebirge lässt schneefreie Stellen erkennen, die Dry Valleys, *Valleys of the Death*, wie Scott sie genannt hat. Mühevoll versuchten er und seine Männer dort vor hundert Jahren, ihre Schlitten auf den Kieseln des Talbodens zu ziehen. Kein Lebewesen kreuzte ihre Spur. Valleys of the Death. Möchte es feiern, dass wir hier sind, wir sind hier wie Könige. Aus meiner Brusttasche hole ich einen kleinen Flachmann hervor. Selbst gebrannter Schnaps, ein Stück Heimat geht die Runde wie eine Flasche Champagner.

In der Ferne kann man den Flughafen erkennen, der nichts anderes ist als eine große planierte Fläche auf dem Meereis, auf der die Herkules stehen, Rauch geht auf, die Turbinen werden beheizt, es ist noch zu kalt, um die Maschinen abzudrehen, der Treibstoff könnte zähflüssig werden. Oktober ist die Hauptflugzeit, in wenigen Tagen wird die letzte Maschine hier gestartet sein, der Flughafen wird leer sein, leer die Hoffnung auf ein Entkommen.

Dave, ein groß gewachsener Biologe, schlägt bereits mit den Armen um seinen Körper, wir sollten langsam wieder runtergehen. Wir sprechen kein Wort, konzentrieren uns auf die Eisplatten, fühlen uns wie Sieger. In Gedanken haben wir uns mit diesem Kontinent verbündet, als wir uns in die stinkenden Schlafsäle zurückziehen. Schlafe, als ob dies mein Zuhause wäre.

Am nächsten Morgen stehe ich in der Schlange in der Kantine, so wie alle ein Tablett in der Hand, Besteck, schiebe mich mit der Menge auf die dampfenden Schüsseln zu, es gibt Bagels, diese amerikanischen gelochten Semmeln, Erdnussbutter, Würstchen, Haferschleim, alles heiß, gebratene Hühnerkeulen, Eierspeise, gerösteten Speck. Kaffee kommt aus dem Automaten, sogar die Eismaschine ist zum Frühstück aktiviert. Es gibt keine Teller, das Tablett hat Vertiefungen, in welche man das Essen hineingibt. Ein Eingeweihter schwärmt uns von dem Sonntagsfrühstück vor. Fast alle haben sonntags frei, samstags wird noch voll gearbeitet, aber dafür hört der Sonntag nicht mehr auf, es gibt frische Waffeln, Omeletts, frisch gemacht nach Wunsch, nur für dich, erklärt er mir augenzwinkernd. Neben uns befindet sich ein zusätzlicher, abgetrennter Raum, die Offiziere essen hier, auch die Piloten. Nachdenklich und vom dauernden Sonnenlicht etwas verwirrt esse ich mein Frühstück, spüre neugierige Blicke von fremden Menschen, die ihr Tablett umarmen. Neuankömmlinge sind bessere Neuigkeiten als die Sonntagszeitung, gäbe es denn eine. Weiche den Blicken noch aus, möchte mich in nichts verraten, nicht als *Fingee* enttarnt werden.

Heute müssen wir den Hubschrauberkurs absolvieren, um richtiges Verhalten bei Start und Landung zu lernen, aber vor allem, wie man unsere schwere Ausrüstung in die Gepäcknetze packt. Priscu verabschiedet sich von uns, er geht inzwischen ins Labor, diesen Kurs braucht er nicht mehr.

Am Fuße des Observation Hill stehen die Überreste eines kleinen Atomreaktors. *Nukey Poo*, wie er von den Stationsangehörigen genannt wurde, wurde 1961 installiert und hat niemals richtig funktioniert. Elf Jahre später hatte man sich entschlossen, ihn abzustellen, seine Bestandteile wurden wieder in die USA verschifft. Mehr als 11.000 Kubikmeter an verseuchtem Boden wurden ebenfalls abgetragen und in den USA entsorgt.

Auf vier Quadratkilometern erstreckt sich das Gelände von McMurdo, wobei sicher die Hälfte nur als Lagerplatz für den gesamten Müll der Station angelegt ist. Vor den Neunzigerjahren war McMurdo Brennpunkt von Greenpeace-Aktionen, denn damals wurde der Müll noch mit Traktoren auf das Meereis gekarrt, dort abgeladen, und irgendwann, nachdem die Sonne das Eis aufgeweicht hatte und es die Last nicht mehr tragen konnte, hat das Meer im Sommer die Fässer geschluckt. Tonnen von Müll jeglicher Art landeten somit auf dem Meeresboden, heute werden Millionen von Dollars ausgegeben, um die Auswirkungen dieser Deponie zu untersuchen. Tauchprogramme, mikrobiologische Projekte, zoologische Untersuchungen. Ist der Meeresboden nun Lebensraum für weniger Organismen, wie sieht es mit der Artenvielfalt aus, mit den Lebensbedingungen? Zwei Mal am Tag gehen Taucher unter die zwei Meter dicke Eisdecke in das Eiswasser, minus 1,8 °C kalt, fotografieren, filmen, entnehmen Bodenproben, Kleintiere, Fische, Algen.

Abends werden die Filme vorgestellt, es ist jedes Mal ein Wunder, diese Vielfalt zu sehen, diese Farben. Taucher hängen an langen Leinen, an der Oberseite schillerndes Blau, das Meereis wurde angebohrt, um einen Taucher mit der gesamten Ausrüstung durchzulassen, an der Kante stehen verzerrte Gestalten, durch die Brechung des Lichtes durch das Wasser sehen sie aus wie Zeichentrickfiguren, doch sie sind die Lebensversicherung der Taucher. Ein Zug an der Leine soll genügen, damit sie wieder nach oben gelangen können. Die Kälte lässt oft die Lungenautomaten vereisen, das ist lebensgefährlich für die Wissenschaftler. Meist werden mehrere Löcher geschlagen, um den Tauchern auch dann eine Rückzugsmöglichkeit zu geben, falls eine Robbe dieselbe Öffnung als Atemloch verwenden will. Robben verweilen gern auch länger an der Kante, um wieder Luft für die minutenlangen Tauchgänge zu schnappen.

Es gibt Bier, wir sitzen im warmen Zimmer eines Tauchers und sehen uns den am Vormittag gedrehten Film an. Staunen, Verlangen nach mehr. Morgens der erste Tauchgang, am Nachmittag der zweite. Ein Tauchunfall könnte hier in der Einöde besser behandelt werden als zuhause in der vermeintlichen Zivilisation. Eine Druckkammer in McMurdo kann das Gewebe der Wissenschaftler wieder auf Normaldruck bringen. Zuhause müsste man stundenlang fahren, um an diesen lebensrettenden Dekompressor zu gelangen.

Nach einigen Tagen spaziere ich durch McMurdo auf eine Anhöhe zum Postgebäude hinauf, auf einer Liste in der Kantine war mein Name genannt. Die Glücklichen, die ein Paket von zuhause bekommen! Das Fleet Post Office, ein eigenes Postamt für die Station, ist eine multifunktionelle Einrichtung, Treffpunkt für Ausfahrten, Umschlagplatz für notwendige Tauschgüter, Börse für warme Kleidungsstücke. Die Postdame händigt mir mein Paket aus, sie ist gezwungenermaßen beliebt, es kommt meist nur angenehme Post hierher, Rechnungen werden in diese Wüste nicht nachgeschickt. Meine Studenten haben mir Schokolade geschickt, sie wissen, was ich brauche. Die Tafel ist fest eingeschweißt in Kunststoffpapier, die Oberseite fühlt sich schmierig an, riecht so gar nicht nach Schokolade. Ich muss lachen, als ich begreife, dass sie die Schokolade zum Schutz vor den Zollhunden mit Seife eingerieben haben, weil ich ihnen erzählt hatte, das Schicken von Lebensmitteln könne zum Problem werden wegen der Angst vor Einschleppung von Keimen. Eine Schokolade von daheim zu bekommen, ist hier schon etwas Besonderes. Setze mich in die kalte Sonne vor der Post und öffne mit klammen Fingern die Tafel, welche schon in hundert Einzelstücke zerbröselt ist auf der langen Reise. Köstlich. Wenn nur dieser Seifengeschmack nicht wäre.

McMurdo wird manchmal liebevoll *McTown* genannt, meist spricht man nur von *Town*. Jeder weiß, was damit gemeint ist. In die Stadt zu kommen, bedeutet, sich nach wochenlangem Feldeinsatz unter eine Dusche stellen zu dürfen, welche man nach Navy-Regel zwar nur zwei Minuten benützen darf, um das kostbare Wasser, welches über eine Salz-Osmose-Anlage hergestellt wird, zu sparen, aber es ist eine wunderbare Vorstellung, sich in dieser Wüste duschen zu können, auch wenn es nur zwei Minuten sind.

Ein Treibhaus, in welchem Gemüsepflänzchen in einer Nährlösung statt in Erde wachsen, soll die Station über das Jahr mit frischem Gemüse versorgen. Die Menge reicht bei weitem nicht aus, Konserven werden beigemengt. Das frische Gemüse hat wenig Geschmack, nicht zu vergleichen mit sonnenreifen Tomaten, nach denen man sich zu sehnen beginnt, und doch ist es knackig und schon allein deswegen wertvoll, weil es so unglaublich ist, hier Gemüse wachsen zu sehen.

Heute Abend gibt es ein kleines Fest in der Werkstatt der Station. Ein Hangar aus Blech, schlecht beheizbar, doch es wird heute gegrillt: einige Fische, welche zwar dem Skalpell der Wissenschaftler, nicht aber den selbstgebauten Grills der Mechaniker entgangen sind. Frauen erscheinen in Tops, geschminkt, verschwunden sind die pelzverbrämten Parkas, die auf den Schneeraupen im Maschinenhangar liegen. Es gibt hier also doch Gelegenheiten, wo Frauen sich noch zu erkennen geben, wo man noch den Unterschied merkt zwischen Mannfrau und Frau, wo man buhlt, sich neckt, sich nicht mehr als Neutrum spürt. Die Stimmung im Hangar ist aufgeheizt, laute Musik, Bierdosen in großen Eimern, mit Schnee von draußen gefüllt, die Menschen tanzen, als ob es ihr letzter Tanz wäre. Alles hier wird potenziert. Manche bemühen sich um das andere Geschlecht, als ob es die letzte Gelegenheit zur Erhaltung der Art wäre. Schrill. Doch was weiß man schon von diesen Menschen, wenn man erst die zweite Woche hier verbringt? Sie sind schon seit Februar hier, schon seit über acht Monaten, und warten auf die Ablöse. Warten auf neue Gesichter, neue Farben, neue Stimmen, neue Körper. Warten auf einen Spaziergang ohne Zeitbegrenzung, vielleicht unter Bäumen, zu dem man sich nicht abmelden muss unter Angabe des Ziels, sich wieder zurückzumelden hat innerhalb einer festgesetzten Zeitspanne. Wenn die Rückkehr nicht im festgesetzten Zeitrahmen erfolgt, werden sofort Rettungsmannschaften losgeschickt. Nach einem solchen Vergehen wird man zurück nach Neuseeland geflogen. Es sei unverantwortbar, sich nicht an die gegebenen Gesetze der Stationsleitung zu halten. Die Sicherheit ist oberstes Gebot, und wer die Sicherheit anderer fahrlässig gefährdet, hat das Privileg verloren, hier sein zu dürfen.

Freiwillige, die hier arbeiten, bekommen am Ende ihres Vertrages eine Prämie, falls die gesamte Dauer ohne Zwischenfälle absolviert werden konnte. Bei Abmahnungen oder im schlimmsten Falle einer Ausweisung entgeht ihnen diese Prämie. Viele setzen auf diese zusätzliche Summe. Wollen sich ein Heim in den Staaten schaffen, eine Ausbildung finanzieren.

Es ist schon spät, müde und verschwitzt vom ausgelassenen Tanzen trete ich aus dem Hangar hinaus, die Sonne blendet mich – mitten in der Nacht.

Habe meinen Parka unter dem Arm, gehe durch die ganze Stadt Richtung Küste, dort steht das *Crary Laboratory*, benannt nach Albert P. Crary, dem ersten Mann an beiden Polen, ein moderner Laborkomplex, welcher die großzügige Bucht des McMurdo Sounds überblickt. Ohne digitalen Schlüssel gibt es hier keinen Zutritt. Der erste Besuch in diesem Labor war mehr als überraschend. Die Ausrüstung ist dort auf dem neuesten Stand, weitaus moderner als auf meiner Heimatuniversität. Genügend Laborplatz, großzügig angelegte Dunkelräume, Gefrierkammern, um Eiskerne zu schneiden, Brutschränke, Mikroskope, ein seismisches Labor zur Untersuchung des Mount Erebus; eine gesamte Etage beinhaltet ausschließlich riesige Aquariumsbecken. Seltsam anmutende Fische aus unbekannter Zeit ziehen dort am Rand des Beckens ihre Kreise. Sie sehen aus wie aus der Urzeit, ihre Überlebensstrategie ist Vorbild für viele Lebewesen, welche mit der Kälte umgehen müssen. In ihrem Blut ist ein natürlicher Gefrierschutz in Form von Eiweißen vorhanden. Würden diese Fische ohne diese Gefrierschutzproteine an einer Fläche auftreffen, wie etwa der Unterseite eines Eisberges, würden sie sofort zerplatzen.

Der Laborplatz unserer Gruppe beinhaltet drei voll ausgestattete Laborräume, Priscus Namensschild hängt draußen an der Tür, die Labors sind für die nächsten Monate für uns reserviert. Überall sind Kisten aufgestapelt, fertig für den Abflug zu unserem Forschungseinsatz in die Täler, ich bin schon wieder so ungeduldig, gehe in Gedanken zum x-ten Mal meine Liste an Laborgeräten durch, vergisst man, ein winziges Detail mitzunehmen, steht unter Umständen der Erfolg der Experimente auf dem Spiel. Eine kleine Nische ist abgetrennt von dem großzügigen Labor als Büroraum. Wir benutzen hier einen Computer gemeinsam, überall stehen aufgerissene Kekspackungen herum, Bilder von lächelnden Familien hängen an der Pinnwand.

Unruhig gehe ich in den ersten Stock hinauf in die Bibliothek. Mein Lieblingsort hier auf der Station, ein saalgroßer Raum, gefüllt mit Literatur über antarktische Fauna, Historie, Entdeckungsreisen, die Statuten des antarktischen Vertrages. Ausgestopfte Kaiserpinguine sind in Glasvitrinen ausgestellt, schändlich, ihre lebenden Kollegen sind doch gar nicht weit. Ein Fernrohr steht am Fenster, darunter ein Holzbrett, auf dem die umliegenden Gebirgszüge erklärend eingekerbt sind, ein dickes Buch liegt daneben, in welchem beschrieben wird, wie antarktische Landschaften und Berggipfel zu ihren Namen kamen. Meist standen Mäzene Pate oder Geliebte. Es ist warm in der Bibliothek, vor mir liegt der McMurdo Sound, sieht ganz harmlos aus, eine breite Fensterfront steht zwischen mir und der Kälte draußen, weiter draußen erkennt man den Eingang zu den Dry Valleys, unser Ziel für die nächsten Wochen. Glasklar ist die Luft, ein rosafarbenes Schauspiel um zwei Uhr morgens.

Ich setze mich an einen der vielen Computer, logge mich ein, tippe den Tag auf den Bildschirm, Wesentliches, Unwichtiges, Persönliches in schnellen Buchstaben auf blauem Hintergrund. Frühmorgens, noch vor dem Frühstück, sind hier alle Computerstationen besetzt, wir wollen unsere Verbindung nach Hause. Ein E-Mail brauchte etwa sieben Minuten nach Hause und zurück. Faszinierend, fast wie telefonieren. Ich lese, wie sich zuhause die Blätter verfärben, der erste Schnee die Gipfel im Inntal angezuckert hat, meine Mutter sich zurück nach dem Sommer und der Wärme sehnt, mein Vater schon die Schi wachst. Lese von einem Mann, Berührendes, Unwichtiges, das neue Vorlesungsverzeichnis auf der Uni, manches beruhigend weit entfernt, geht mich hier nichts an; manches unerträglich weit weg, möchte es herholen, den Kachelofen daheim spüren, das Holz krachen hören, den feucht-nassen Geruch von Vaters Rucksack, wenn er von seiner ersten Schitour nach Hause kommt.

Zwischendurch ein Kakao, den man hier in der Mikrowelle mit entsalztem Wasser und stark gesüßtem Pulver zubereitet. *Swiss Miss*, auf dem Säckchen ist eine glückliche Kuh auf einer Almwiese abgebildet. *Swiss Miss* steht hier überall herum, gehört hier unter der Woche zu den Glücklichmachern. Lehne mich wieder an die Fensterfront, heimeliger Dampf aus der Tasse steigt auf. Versuche, mir die Route Scotts vorzustellen, er ging hier über den Sund mit seinen Schlitten, noch voller Idealismus, kämpfte sich durch die schneefreien Täler, in welchen die Schlitten auf den Kieseln nicht zu ziehen waren.

Stelle meine mitgebrachte Tasse mit dem schon verblassten Goldenen Dachl wieder auf ihren Platz, hole mir den Parka und trete aus dem Gebäude hinaus. Hier bleibt nichts mehr übrig von der geschützten Atmosphäre in der Bibliothek, kalter Wind schneidet mir in den Körper, ziehe mir schnell die Kapuze über den Kopf, beginne, über die

Straßen zu unserem Schlafcontainer zu laufen. Eine Gruppe Männer mit ölverschmierten Overalls kommt mir entgegen, sie kommen von den *midrats*, den *midnight rations*, Essen zu Mitternacht, gehen wieder in die Werkstätten in den Hangars. Im Schlafsaal ist alles ruhig, versuche, niemanden zu wecken, als ich mir alle meine Schichten ausziehe, nur schnell schlafen, die Sonne ist schon längst hier.

Jeder Tag vergeht mit der Erwartung, dieser Containerstadt zu entkommen, um endlich die wahre Antarktis in den Außenstationen atmen zu können. Das Leben hier erscheint zu künstlich, zu viele erhaltende Systeme: ein Friseur, der gratis die Haare schneidet, Fitnessprogramme, Gottesdienste, Bars mit den klingenden Namen *Mount Erebus, Southern Exposure*. Wie eine Verbindung zur Außenwelt steht an der Küste eine kleine Holzkirche am Ende der Stadt. Blau-weiß, wie eine kleine Fischerkirche, ein Mosaikfenster zur Bucht hinaus zeigt einen Pinguin auf den Umrissen der Antarktis. Oft turnen hier kleinere Gruppen von Angestellten, welche viele Monate hier verbringen und meist an die Station gefesselt sind. Der Club der Anonymen Alkoholiker veranstaltet hier seine Treffen. Wobei der Begriff „anonym" eher ein Deckname für ein Familientreffen ist, da es unmöglich ist, Privates auf längere Dauer für sich zu behalten. Der Raum, den die Stadt bietet, ist eng. So eng, dass persönliche Kollisionen und Stresssituationen ganz normal sind. Alkohol soll helfen. Doch nur in den erlaubten Mengen. Der kleine Laden, der noch den militärischen Namen *Ship's Store* der Navy trägt, verkauft lebenswichtige Utensilien. Postkarten, Stifte, T-Shirts, Kalender, Zahnbürsten, Tampons, Briefpapier, Reiseführer über die Seychellen, Kondome, Alkohol. Limitiert. In einer Woche entweder eine kleine Palette Bierdosen oder zwei Flaschen Wein oder eine Flasche Hartes. Was an Promillehaltigem eingekauft wird, wird registriert. Wer in McMurdo ankommt, erhält unter anderem einen Alkoholpass, in welchem die Limitierung eingetragen und somit kontrollierbar ist. Meist wird der Alkohol über die gesamte Woche gehortet, um zumindest einmal in der Woche vieles vergessen zu können.

Die Tage des Wartens werden genutzt mit den verschiedensten Kursen. Wir lernen, wie man die Ladung für einen Hubschrauber in ein Cargonetz packt und dieses dann im Dreck liegend am Haken des in der Luft schwebenden Hubschraubers einhängt. Lernen, wie man selbst einen Hubschrauber im Notfall nach geglückter Landung sicher abstellen kann, sofern der Pilot nicht mehr dazu in der Lage ist. Wie man die Sicherheitsgurte bedient, die Container, welche an den Kufen befestigt sind, belädt und richtig schließt. Lernen Funkerjargon, welche Kanäle benutzbar sind. Die Piloten weisen uns ein in die Risiken. Es gibt vier kleine Hubschrauber, sogenannte A-Stars, nur drei Leute können damit fliegen. Die große Maschine, eine Huey, schwer und mächtig, vermittelt eher das Gefühl von Busfahren. Die Piloten lieben die kleinen Hubschrauber, sie sind wendiger und benötigen mehr Gefühl für das Gerät. Wir beobachten Starts und Landungen, erkennen schon bald am Flugstil, welcher Pilot fliegt. Neidvoll blicken wir den rot-weißen Maschinen nach, wenn sie vom Hangar unter dem Labor abheben und über die Bucht fliegen. Sie haben Gruppen an Bord, die mehrere Wochen lang in einem exponierten Zeltlager ihrer Forschung nachgehen können, keinen Kontakt haben werden zu anderen Menschen, den

Launen des Eises völlig ausgesetzt, nur über ihre tägliche Funkverbindung an die Hauptstation gebunden.

Unsere Gruppe befällt Ungeduld, wir wollen endlich hinaus, die beheizten Zimmer mit den dicken Teppichböden verlassen, wollen kein üppiges Essen aus Kunststofftabletts, kein Eis mit Schokoladestreuseln mehr, wollen unzensiert leben. Es gibt einen eigenen Radiosender auf der Station, das Programm wird einer ständigen Kontrolle unterworfen, anrüchige Worte in Liedern werden ohne Ersatz herausgestrichen, es soll kein zusätzlicher Impuls gegeben werden, der Sehnsüchte erwecken könnte, weder auf sexuelle noch auf aggressive Art. Videos werden zwar verliehen, jedoch nur Filme, die an das Sonntagnachmittagsprogramm mit Hans Moser vor vierzig Jahren erinnern. Es werden keine Fäuste gezeigt, keine nackten Körper. Derartige Fantasien finden nur im Kopf statt, jeder muss sie dort für sich begraben.

An einem dieser Abende, an denen man sich wieder einmal echtes Lagerleben mit wirklicher Forschung wünscht, stehe ich am Fenster des Gemeinschaftsraumes eines der Schlafcontainer, das Kinn auf einen Billardstock gestützt. Schaue auf die Bergkette vor mir, sehe sie jedoch nicht, nur mein Kopf sieht. Ron, ein Elektriker, der schon einige Saisonen hier verbracht hat, auch schon zwei lange Winter, reißt mich vom Fenster weg, „komm, spiel weiter", sagt er. Ich habe keine Ahnung vom Billardspiel, doch man spielt es hier. Manchmal treffe ich die Kugel, manchmal nicht, doch mit Rons Anleitung wird der Stoß besser und zielgerichteter. Er hat immer seine Baseballmütze auf, so wie hier die meisten Männer. Er bringt mir ein Glas mit irgendeinem Mix und dem Wichtigsten: Eiswürfel. In jedem Gang der Container stehen sie, die Eiswürfelmaschinen. Eiswürfel in der Eiswüste produziert. Fassungslos starre ich auf dieses kalte Glas, das auf mich dieselbe Wirkung hat wie ein viereckiges Rad. Ron versteht meinen fragenden Blick nicht. „Wolltest du lieber einen anderen Mix?", fragt er mich. Ich erkenne immer mehr, wie verklärt ich auf diese Reise ging. Statt Eiszapfen aus verfilztem Haar zu bröckeln, gehe ich barfuß auf einem Teppichboden, habe einen eisgekühlten Drink in der Hand und spiele Billard, während mich dicke Fensterscheiben von der Starre da draußen trennen.

Ron versteht mit der Zeit und er erzählt mir von sich. Von den langen Wintern hier, von der Mühsal, hier arbeiten zu müssen, vom guten Geld, von den Dämonen, die in der Polarnacht mit den Lichtern tanzen, von der Befreiung, wenn nach Monaten der Dunkelheit der erste Lichtstreifen weit draußen alles bisher gesehene Licht blendet. Erzählt, stundenlang, wobei sich unser Verlangen nach diesem seltsamen Element immer wieder trifft. Er wird immer wieder zurückkehren. Er ist ein Wüstenmensch. Lebt in der Wüste Nevadas, im Südsommer kehrt er in die Eiswüste zurück. Er schenkt mir ein geschmolzenes Mineral, das er in der Kraternähe des Mount Erebus gefunden hat. Habe es immer bei mir. Auf der Rückreise habe ich in Christchurch einen Maori gebeten, mir ein Loch durch diesen Stein zu bohren, er tat es, fädelte mir noch ein Lederband hindurch, glaubte an die Kraft dieses Steins. An die Mächtigkeit des südlichsten Vulkans der Welt.

Der letzte Schritt zu dieser scheinbaren Freiheit ist unser abschließendes Training. Wir treffen uns beim Fleet Post

Office, jeder hat seinen Rucksack gepackt, alle Neulinge müssen heute antreten. Wir wissen, es ist *happy campers school*, das zweitägige Überlebenstraining im Eis, das jeder absolvieren muss, bevor es an die Außenarbeit geht. Unterschiedlichste Gerüchte kursieren, die einen erzählen vom schlimmsten Erlebnis des ganzen Lebens, die anderen von einem einfachen Campingausflug, wir Neuankömmlinge können noch nicht Legende von Wahrheit unterscheiden. Viel Gepäck wird aufgeladen, dicke Taschen, Funkgeräte, Schaufeln, Sägen, wir können nur unwissend danebenstehen und abwarten, was mit uns geschieht.

Wer hat schon einmal im Freien bei Minusgraden übernachtet? Selbstbewusst hebe ich die Hand. Bei einem Forschungsprojekt der Universität Innsbruck mussten wir im Ötztal am höchstgelegenen See, der noch Fische beinhaltet, auf fast 3000 Metern Höhe im Schnee campieren. Es war eine Erfahrung wie aus dem Jugendlager, wir haben in der Nacht Karten gespielt, Wein getrunken, alle vier Stunden bin ich von der Anhöhe, wo unsere Zelte aufgestellt waren, allein auf die Eisdecke des Sees hinuntergegangen, um Wasserproben zu entnehmen. Am Morgen um sieben stand mein Vater mit Schiern vor dem Zelteingang, mit frischen Kipferln aus dem Tal. Er muss sie beim Bäcker noch mitten in der Nacht aus dem Ofen geholt haben, um sie frühmorgens im hintersten Ötztal auf 3000 Metern mit uns essen zu können. Bis heute ist es die Erinnerung an das luxuriöseste Frühstück aller Zeiten für mich.

Bestimmt wird es auch diesmal wie ein Jugendlager, nur eben etwas kälter. Vorsichtshalber habe ich die Spielkarten in den Rucksack eingepackt, auch etwas zum Lesen, falls sich doch niemand zum Kartenspielen erweichen lässt.

Mit einem Kleinbus werden wir aus McMurdo hinausgefahren, die dunkle Schotterstraße entlang auf die Seite der Neuseeländer. Man sieht aus der Ferne schon die neuseeländische Station, Scott Base, lindgrüne Container an der Küste des gefrorenen Meeres. Dicke Eiswülste türmen sich durch den Druck der Eispressung vor der Station auf. Wir fahren daran vorbei, der Fahrer steuert auf das Schelfeis zu, am Fuße des Mount Erebus. Das Schelfeis grenzt direkt an das Meereis, ist jedoch einige hundert Meter dick. Die Trennlinie ist sehr gut erkennbar, wie eine Naht zieht sich diese unregelmäßige Linie zwischen den beiden Eistypen durch. Irgendwo im Nichts bleiben die Fahrzeuge stehen. Das Gepäck wird neben uns ausgeladen. Wir werden von zwei erfahrenen Männern betreut, etwa zwei Kilometer entfernt erkennt man einen sogenannten *Jamesway*, ein tunnelartiges Gemeinschaftszelt von der Art, wie es noch im Koreakrieg verwendet wurde. Hier also werden wir zwei lange Tage ausgesetzt, müssen selber schauen, wie wir zurechtkommen.

„Ihr habt genügend Videos gesehen, organisiert euch", sagen unsere Betreuer. Wir müssen uns gruppieren, jeder sollte ein Funkgerät bedienen können, wir haben es ja gelernt, müssen fähig sein, uns den aktuellen Wetterbericht zu besorgen, und schlussendlich sollten wir so viel gehört, verstanden und gelernt haben, dass wir uns selber eine Unterkunft bauen können. Es liegen Zelte für uns bereit, mit Sägen können wir uns Eisziegel herausschneiden, um ein Iglu zu bauen. „Hat das schon einmal jemand gemacht?" Keine Antwort aus den Reihen. Alles Anfänger. Arbeiter und Wissenschaftler, getrennt nach den Farben ihrer Kleidung, stehen ratlos herum. Ach ja, und wer die Nacht nicht durchhält und zu Fuß zur Unterkunft unserer Betreuer geht, hat den Kurs nicht bestanden, der muss diese Tortur noch einmal machen. Wie Kinder, die vor einem Haufen Spielzeug stehen und nicht wissen, was sie zuerst verwenden sollen, stehen wir herum, als ob wir auf jemanden warten würden, der uns die Bürde der Entscheidung abnimmt.

Ein Amerikaner dreht sich zu mir und meint, „wie wäre es mit einem Iglu, wäre doch cool“. Bevor ich antworten kann, beobachte ich, wie eine Gruppe sich ein Zelt aus dem Berg von Ausrüstung nimmt und es langsam auspackt. Doch plötzlich kommt eine starke Windböe, schnappt sich die Zeltplane, spielt mit ihr in der Luft, vier Menschen laufen diesem Spiel nach. Der Wind scheint von der Plane genug zu haben, lässt sie auf den Boden fallen, die vier rennen auf sie zu, ergreifen sich eine Ecke des Gewebes, die Böe scheint wieder Lust zu bekommen, spielt weiter mit ihnen. Tatenlos schauen wir zu, der Gedanke drängt sich auf, dass der Wetterbericht wohl die Art der Unterkunft bestimmen wird.

Ohne viel zu sprechen, wühlen wir in dem Haufen nach den altertümlich anmutenden Koffern, die die Funkgeräte beinhalten, bemühen uns, sie zusammenzusetzen. Der Wind wird plötzlich stärker, wir stecken den Kopf tief in die Kapuze. Ich versuche, die Antenne zusammenzustecken, lege die Antennenkabel weit in den Schnee hinaus, brülle zu Richard, „meinem“ Amerikaner, er soll es doch jetzt versuchen, sich mit den *McOps*, den sogenannten Operatoren von McMurdo, zu verbinden. Richard ist etwas schüchtern, er bittet mich, dies für ihn zu übernehmen. Wir haben in den Tagen zuvor den Funkerjargon gehört, sollten ihn uns einprägen, denn wenn wir in den Außenlagern sind, müssen wir diese Sprache beherrschen, müssen jeden Tag zu einer gewissen Zeit sozusagen die Nabelschnur nach McMurdo herstellen, wie auf einem Schiff.

„Sieben Seelen an Bord, *copy loud and clear, can you read me?*"

Der aufbrausende Wind lässt die Worte zur Unkenntlichkeit verschwimmen. Ich schreie fast schon in das Funkgerät hinein. „*Can you read me?*"

Eine Antwort: „*Copy you, here South Pole Station.*"

Richard sieht mich amüsiert an, ich habe die Antennenstecker wohl vertauscht, mit dieser Kombination kommt man zum Südpol, nicht jedoch nach McMurdo. Der Funker scheint nicht sehr freundlich zu sein, er ist schon bald ein Jahr in dieser Isolation, möchte raus. Ich breche die Verbindung ab, wie unprofessionell. Richard versucht eine andere Steckverbindung. Diesmal klappt es, wir bekommen einen Wetterbericht von den McOps. „In drei Stunden wird euch ein Bodenblizzard erreichen, seht zu, dass ihr langsam ein Dach über dem Kopf bekommt", so die metallische Stimme aus dem Funkgerät. Ein Zelt würde einem Bodenblizzard wahrscheinlich nur schwer widerstehen. Entmutigt nehmen wir uns die Sägen und Schaufeln und beginnen, Eisziegel aus dem Boden zu schneiden. Keiner von uns hat das jemals versucht, ich habe mich als Kind immer gewundert, wie die Inuit solche Ziegel aus dem harten Eis schneiden können. Doch es ist gepresster Schnee, er lässt sich leicht schneiden, bald schon haben wir ein System, ich säge, Richard sticht die Ziegel heraus.

Ein Russe steht plötzlich hinter mir, er würde gern mit uns bauen, er hat keine Gruppe. Argwöhnisch schaut ihn Richard an, er sagt, er sei Tischler in der Stadt. Jirji stellt die Schneeziegel zusammen, als ich mich umdrehe, steht schon das Fundament unseres Iglus, sieht fast wie im Original aus. Ein Iglu muss richtig gebaut sein, damit es keine Kältefalle wird. Damit die kalte Luft, die unten am Boden bleibt, sich nicht sammelt und wir mittendrin liegen und frieren. Bei Gasbetrieb zum Kochen braucht man einen „Kamin", um nicht zu ersticken. Jirji kennt sich aus, jeder Ziegel, den wir ihm überreichen, kommt an den richtigen Platz.

Erinnere mich wieder an zuhause, mit meinem Cousin, meinem besten Kinderfreund, habe ich zwischen den Pfeilern des Gartengatters Schneehäuser gebaut, wir haben uns dort hinein verkrochen, haben uns dort drin Geschichten erzählt, bis die Böden unserer Schihosen völlig durchtränkt waren.

Das hier ist ein anderes Spiel, es fegen messerscharfe Eiskristalle über den Boden, bilden Wirbel, der Wind heult, der Himmel ist hässlich schwarz geworden. Um uns herum stehen einige Zelte, sie wurden gut beschwert mit Schneebrocken im Inneren, aus einigen Zelten sieht man schon Dampf entweichen, manche der Gruppen haben schon begonnen, Schnee auf dem Kocher zu schmelzen, um sich die gefriergetrocknete Nahrung zubereiten zu können. Etwas Wasser in den Beutel, diesen kurz verschließen, umrühren und genießen. Wobei das Wort „genießen" nicht zu dieser Situation hier passt.

Wir stecken die Sägen in den Schnee vor dem Eingang, Jirji kriecht durch den Tunnel in das Iglu, ich hinterher. Der Amerikaner schiebt sich auf allen Vieren durch den Eingang, plötzlich sagt Jirji in brüchigem Englisch: *„no space, you not."*

Was soll das heißen, kein Platz, hier hätten noch vier Leute leicht Platz gefunden! Ungläubig schauen wir Jirji an, das kann er nicht ernst gemeint haben. Wieder schüttelt er den Kopf, er will Richard nicht hier drinnen haben. Ich versuche noch zu argumentieren, es sei doch viel wärmer, wenn wir den Platz ausfüllen könnten. Er aber bleibt stur, Richard bedeutet mir, es bleiben zu lassen, er findet schon etwas. Rückwärts schiebt er sich wieder nach draußen, ich starre noch lange auf den Platz, wo Richard gekniet ist, er ist jetzt leer.

Enttäuscht packe ich den Schlafsack aus, der mir zur Verfügung gestellt wurde für dieses Training. Da erwartet man sich ein verstärktes Zusammengehörigkeitsgefühl in diesem Extrem, und dann das. Ich verstehe nicht, warum Jirji den Amerikaner hinausgeschickt hat. Es ist wie in einem Volksschulwitz: Ein Burgenländer, ein Steirer und ein Tiroler treffen sich und ... Hier sind es ein Russe, ein Amerikaner und eine Österreicherin. Lächerlich, nicht nachvollziehbar. Man möchte nicht glauben, dass sich solch kindische Muster im Ernst des Lebens wiederholen, denke ich mir, während ich mein Lager herrichte. Rolle den Schlafsack aus und erschrecke fürchterlich: ein Fußsack, dieser Sack reicht mir gerade zur Hüfte. Zeige Jirji den viel zu kleinen Schlafsack, er bietet mir stattdessen seinen an, welcher die richtige Länge hat. Warum sollte ich seine Hilfe annehmen, nachdem er sie jemand anderem gerade verweigert hat?

„Nein, danke. Behalte deinen Schlafsack, ich komme schon zurecht." Der Blizzard ist angekommen, spielt mit uns, ich habe keine Ahnung, wo Richard untergeschlüpft ist, ich habe nur in der Nähe den Reißverschluss eines Zeltes gehört. Grantig ziehe ich die schweren Stiefel aus, stelle sie neben mich und krieche mit allem, was ich anzuziehen habe, in den viel zu kurzen Sack, versuche, mich so klein wie möglich zu machen, mich zusammenzufalten und einzurollen wie in einen Kokon, versuche, die Kälte, die langsam über den gefrorenen Boden in mich kriecht, wegzurollen, auszusperren.

Es gelingt mir nicht.

Jirji spricht kein Wort, er spürt meine langsam wachsende Hilflosigkeit. „Ist dir kalt?" Er dreht sich zu mir, ich versuche, mich in seine Richtung zu drehen, um ihm zu antworten, aber ich bin mit dem Rücken am Boden angefroren. Es kotzt mich an, dieses Land, diese Proben, dieser Fußsack, es kotzt mich schlichtweg an. Bin den Tränen nahe. Höre den Wind draußen, höre die Zeltplanen der anderen flattern, hoffentlich können sie dem Wind trotzen. Schlage die Hände vor das Gesicht, um das vor Jirji zu verbergen, was langsam nicht mehr rational ist. Schimpfe mich in Gedanken, mich nun so exponieren zu müssen, bin wütend auf mich selbst, so einfältig zu sein und Spielkarten einzupacken, habe Angst vor der langen Nacht.

Jirji versteht, er rutscht zu mir, richtet mich auf, bröckelt mir das am Rücken festgefrorene Eis weg, reibt mir durch die vielen Schichten aus Fleece und Daunen den Rücken, erst langsam spüre ich etwas Wärme durch die heftige Bewegung. Ich kann mich nicht mehr beherrschen, Tränen rollen nun an meinen Wangen herunter, Jirji bietet mir seine Handschuhe an. Nein, danke, der Stolz wurde nur halb gebrochen, er reibt mir trotzdem weiterhin den Rücken, während er selbst friert.

Das Innere des Iglus ist in gespenstisches Blau getaucht, wie unter Wasser, und wir bewegen uns, als ob wir in zähem Honig tauchen würden. Alles geht furchtbar langsam, bei jeder Bewegung kommt die Angst, dass durch einen plötzlich nicht mehr bedeckten Körperteil die Kälte hineinfließen könnte wie eine Welle, die plötzlich überschwappt.

„Zieh dir deine Schuhe an", rät mir Jirji monoton, widerwillig krieche ich langsam aus dem Sack, versuche, den Fuß in einen Schuh zu geben, er ist gefroren. Die Schwelle ist nicht mehr sehr groß, soll ich jetzt hinübergehen zu dem weiter entfernten Zelt der Instruktoren, soll ich mich beschweren, soll ich ihnen den Fußsack in ihr geheiztes Zelt werfen, wozu brauchen diese Idioten hier einen Kinderschlafsack?

Ich höre den Wind schreien, die Idee wird wieder verworfen, ich habe zu viel Angst, allein in den Sturm zu gehen. Zwinge mich in den steifen Kunststoff, binde mir umständlich die gefrorenen Schuhbänder zu, der Fuß wird bald ähnlich steif wie der bockharte Stiefel, und rolle mich wieder ein.

„Die Stiefel helfen nichts, rein gar nichts", sage ich zu Jirji.

„Nein, jetzt nicht, aber morgen", meint er, „morgens ist es noch viel schlimmer, wenn du aufstehst und nicht in die Stiefel hineinkommst."

Es ist kein Trost, die Nacht ist lang. Die längste, die ich kenne. Diese Nacht wird zum Sinnbild. Alles, was ich mir einmal erhofft, erträumt hatte, ist in dieser Nacht in Asche und Rauch zerfallen.

Es gibt hier keine Regeln, nach denen man spielen kann, denke ich mir. Weil sich dieses Land an keine Regeln hält. Es stößt dich weg wie eine launenhafte Diva, die von einem Liebhaber genug hat. Hass steigt auf, Verzweiflung, Hilflosigkeit. Emotionen, die ich nirgendwo anders in dieser Mächtigkeit erlebt habe wie in dieser Nacht.

Lake Bonney in den McMurdo Dry Valleys ist über Jahrtausende durch einen meterdicken Eispanzer von der Außenwelt abgeschnitten.

Die Forschungscamps in den McMurdo Dry Valleys können nur über Hubschrauber versorgt werden.

Lake Hoare ist eines der drei befestigten Lager in den Trockentälern, welche über die Sommermonate von Forschern besetzt sind.

Um wertvolle Proben aus dem Gletschereis gewinnen zu können, werden die meterlangen Kerne meist per Hand gebohrt.

Im glasklaren Eis eingeschmolzen, finden sich manchmal weit gereiste Trabanten aus der Umgebung.

Die Zeit scheint hier still zu stehen: Diese mumifizierte Robbe liegt seit mindestens 500 Jahren hier.

Das noch angekettete Skelett eines Schlittenhunds der historischen Scott-Expedition findet sich vor dessen Hütte an der Küste.

Ich möchte nicht einmal den Ärmel etwas zurückschieben, um auf meiner Armbanduhr zu sehen, wie spät es ist. Ist es bald vorbei, werden wir bald abgeholt? Tausende Gedanken in meinem Kopf über diese lange Nacht, nichts fertiggedacht, immer überschattet von der Lähmung, die ich mir durch die Kälte eingebildet habe. Jirji hat etwas geschlafen, immer wieder ist er zu mir gerutscht und hat mir den eingepackten Rücken gerieben, mit dem ich immer wieder am Boden angefroren bin. Am Morgen hatte sich unter meinem Rücken eine eisglatte Oberfläche gebildet.

Scheinbar nach einer Ewigkeit steckt jemand seinen Kopf durch den Tunnel, ein völlig verwildertes Gesicht, so scheint es mir, es ist Richard.

„Wie geht es dir?“, fragt er mich. Ich bin erstaunt, dass er noch einmal seinen Fuß hereinsetzt nach dieser Demütigung. Er hat im Nachbarszelt Unterschlupf gefunden, sie waren zu viert im Zelt und konnten sich einigermaßen warm halten. Nur einmal mussten sie nachts hinaus, um die Verankerung des Zeltes zu verstärken. Der Sturm scheint vorüber zu sein, ich bin wie ausgesaugt nach einer langen Anstrengung, schäme mich, derart versagt zu haben nach meinen eigenen Maßstäben.

Eine andere Gruppe hat schon den Kocher angezündet, es wird bald heißen Tee geben. Apathisch stehe ich vor dem Iglu, steif, wie soll ich hier drei Monate überstehen, es ist für mich nicht machbar, ich kann mit dieser Kälte nicht umgehen. Kann nicht drei Monate in einem Zelt schlafen, in meinen Stiefeln mit angefrorenem Rücken. Aber ich kann nun auch nicht mehr zurück. Diese Erkenntnis dämpft meine Laune erheblich, ich werde wortkarg, mein Bruder hätte mich nun als maulfaul bezeichnet. Ich verschanze mich in meiner großen Kapuze, möchte alleine sein, möchte herausfinden, wie diese Zeit nun zu bewältigen ist.

Die Hitze des Tees dringt langsam durch meine Handschuhe, mit denen ich die Blechtasse in den Händen halte. Langsam kommt auch etwas Wärme in den Körper zurück, der Wind ist weitergezogen, die Antarktis zeigt sich von ihrer schönsten Seite, versöhnt. Kaum jemand spricht, jeder scheint noch mit dem hässlichen hellen Himmel der letzten Nacht beschäftigt zu sein, sie arbeitet noch in unseren Köpfen, diese peitschende Macht. Jeder klammert sich an seine Tasse, man will nichts von der Wärme auslassen, nichts verlieren, nichts verschenken.

MCMURDO DRY VALLEYS

Der Hubschrauber bringt uns in unsere neue Welt, unser neues Zuhause, weg aus den Containern. Dick eingepackt, einen Funkhelm auf dem Kopf, verfolge ich angestrengt die Konversation über die Funkzentrale auf der Station, die immer kleiner erscheint hinter unseren Rücken. Unter uns baumelt sachte ein Netz, darin Schlafsäcke, Zelte sowie die Lebensmittel, die gefrieren dürfen. Vor meinen Beinen eingeklemmt eine Kiste mit einem sensiblen Mikroskop. Zwischen uns Kisten mit Dingen, die nicht frieren dürfen, mit Chemikalien gefüllte Glasflaschen für unsere Experimente, empfindliche Optik für das Mikroskop, Getränke, eingelegtes Gemüse in Gläsern.

Wir folgen der unregelmäßigen Trennlinie zwischen dem Schelfeis und dem Meereis, fliegen über die Bucht auf die Bergkette zu, deren Gipfel mit Schnee angezuckert scheinen wie die Innsbrucker Nordkette im September, wenn der erste Schnee im Gebirge fällt, aber noch nicht liegen bleibt. Die Zeit, wie lange wir fliegen, ist nicht einzuschätzen. Vielleicht gibt es hier gar keine Zeit, die Sonne verrät nichts, nur Hunger oder Müdigkeit geben uns einen Rhythmus.

Der Taleingang ist bereits gut sichtbar, plötzlich hört das Eis auf, der Talboden ist aper, trocken, aufgerissen in Polygone, wie auf Bildern einer Wüste in Afrika. Es scheint unwirklich, kein Schnee, unten am Grund Eisflecken, wie auf einer Perlenkette. Seen mit einem Eispanzer, Lake Fryxell, Lake Hoare, Lake Bonney. An Orten wie diesen werden Empfindungen potenziert, ja gefährlich übersteigert, sie tragen zu dem Gefühl bei, so lebendig zu sein wie niemals zuvor in unserer Zivilisation. Ein rauschhafter Zustand.

Der Hubschrauber schaukelt, der Wind draußen muss heftig sein. Chris, unseren Piloten, scheint dies wenig zu kümmern. Meinen Mageninhalt schon, ich bin es noch nicht gewöhnt, etwas Verkrampftheit fliegt noch mit. Am Ufer eines Sees, der wie versteinert wirkt durch seinen Eispanzer, erkennen wir ein militärgrünes Tunnelzelt.

„*Welcome at Lake Bonney.*" Chris kennt die Gegend hier bereits, obwohl er erst zwei Wochen vor uns allen hier in der Antarktis angekommen ist und das erste Mal südlich des Polarkreises fliegt. Lake Bonney wird nun unser Lager sein, wir sind zu fünft, über Wochen hinweg fünf Menschen in diesem Tunnel.

An einer flachen Stelle neben dem Ufer lässt Chris den Hubschrauber langsam etwas tiefer gehen, bis das Netz am Boden aufsitzt. Vorsichtig lässt er die Ladung etwas nachkommen, sodass sie halbwegs stabil am Boden aufliegt, dann klinkt er das Netz aus, geht wieder etwas höher und peilt eine markierte Stelle etwas oberhalb des Lagers an, wo er schlussendlich landet.

Als wir aufsetzen, bekommen wir die Anweisung, uns in gebückter Haltung vom laufenden Rotor wegzubewegen, so wie wir es bereits trainiert haben. Nach einer Weile stellt Chris das Gerät ab, sichert es, nimmt seinen Helm ab und steigt aus der Kanzel, um uns beim Ausladen zu helfen. Wir stehen etwas verloren um den Hubschrauber herum, können es kaum fassen, dass dies nun unser Zuhause sein kann, vorbei ist es mit den Annehmlichkeiten von McMurdo, aus mit barfuß über dicke Teppichböden gehen, dabei haben wir es uns doch so gewünscht. Chris muss noch eine andere Gruppe holen, sie an einem anderen Stützpunkt absetzen, mitten auf dem Meereis, denn sie untersuchen das Brutverhalten der Weddellrobben, die gerade ihre Jungen geworfen haben.

Mechanisch legen wir das Netz auseinander, um die ineinander verkeilten Kisten und Schachteln aus dem Radius des Rotors zu bringen, bevor er wieder gestartet wird. Kisten mit Eisschrauben, Nudeln, Milchpulver, Knieschützern, Steigeisen, Pickeln, Zucker, gefrorenen Käsebrocken, Müllsäcken, Pinkelflaschen, Literatur, Probenbehältern, Funkgeräten. Vergisst man etwas auf der Hauptstation, kann es vielleicht nachgebracht werden, sofern das Wetter mitspielt, nicht zu reden von den Kosten. Die Finger werden klamm vom Schleppen der vielen Kisten. Die Umgebung wirkt wärmer, weil sie nicht eisbedeckt ist, doch der Schein trügt, es hat fast minus 40 °C, der Wind pfeift durch das Tal, die Kiesel, die ganz oberflächlich wegen der Trockenheit nicht zusammengefroren sind, schlagen waagrecht an die Stiefel, manchmal sogar ins Gesicht.

Der Hubschrauber ist nun leer, ausgehöhlt, der Pilot setzt sich wieder seinen Helm auf, steigt ein, zwinkert uns zu, während er den Rotor startet und talauswärts fliegt. Wir schauen ihm nach, der Wind wird stärker. Ich habe vorher viel über die Dry Valleys gelesen, doch Lesen im warmen Wohnzimmer hat wenig mit dieser Realität zu tun, der Wind bleibt kalt, die Steinchen hart, die Finger steif und unbeweglich. John öffnet das Lager, es gibt im Inneren einen kleinen Ofen, gespeist von einer speziellen Dieselmischung, welche schwer gefriert. An den winzigen Kunststofffenstern sind Eisblumen. Alle Ventile werden aufgedreht, die Gashähne für den Herd, um den ersten Tee zu kochen. Der danebenliegende Schuppen geöffnet, um einen großen Pickel zu holen. Bald schon hört man die ersten Schläge auf das Eis, wir brauchen als erstes Trinkwasser, der See gibt es schwer her, betonhart fühlt sich dieses Eis an. John steht unten am See mit einem riesigen Kochtopf aus Aluminium, füllt die Eisbrocken mit seinen Handschuhen ein, schleppt den Topf wieder in das Zelt, stellt ihn auf den Ofen. Er wirkt sehr zufrieden.

„Ich bin wieder zuhause", sagt er. Es klingt ehrlich, er gehört hierher.

Wir müssen warten, bis das erste Eis zu Wasser geworden ist.

„Wir sollten die Zelte aufbauen, bevor der Wind stärker wird", rät John. Ich bin grantig, diesmal geht mir alles viel zu schnell, ich würde mich jetzt gern an den Plastiktisch setzen und einfach in dieses Zelt hineinhören. Es ist doppelt isoliert, man kann es auf plus 10 °C heizen, eine ungeheure Temperaturspanne, wenn es draußen Temperaturen weit unter dem Gefrierpunkt hat. Entdecke Löcher in der Zelthaut, Einschusslöcher vom Koreakrieg. Es zieht. Draußen ist die Temperatur ungleich niedriger als hier drinnen. Nur der Kopf hilft, mir zu sagen, dass dieser Tunnel unser Schutz sein wird.

Wir packen uns wieder ein, treten nach draußen in den Wind, holen aus dem Haufen an Gepäck, welcher noch immer vor der Sperrholztüre liegt, unsere Zelte heraus. Um effizienter zu sein, stellen wir die Zelte alle gemeinsam auf. Es sind Einzelzelte, jeder hat so einen gewissen Freiraum, um einem Lagerkoller entgegenzuwirken. Man sieht noch, wo die Zelte vom Vorjahr gestanden sind: etwas abgeflachte Stellen im Hang, der weiter oben durch einen Gletscher beschlossen wird. Neben den geplätteten Flächen liegen einige schwere Steine. Jeder braucht einen Vorrat, um sein Zelt damit zu beschweren, der Wind holt sich hier alles. Es ist mühsam, bei diesen Windböen die Zeltplane zu bändigen, doch bald haben wir ein System, wobei ein Handgriff den nächsten ergibt. Das erste gelbe Zelt steht, doch wie soll man in diesen Kieseln, die nichts halten und sich wie Styroporkugeln anfühlen, ein Zelt befestigen? Wir treiben die Heringe hinein, sie lassen sich ein kurzes Stück in den losen Boden stecken, doch es gibt in die Gegenrichtung keinen Widerstand. John hält das Zelt fest, während vier Menschen im Sturm versuchen, an jedem Eck eine Befestigung zustande zu bringen. Dicht unter dem losen Kiesel beginnt der Permafrost, auch diese Schicht verspricht keinen Erfolg. Verzweiflung, Wut macht sich breit, wir scheitern schon an solchen Kleinigkeiten. Für John scheint es eine Banalität zu sein wie das morgendliche Zähneputzen, er nimmt einen kugeligen Stein und schlägt mit Wucht die Haken in den Boden, als er ihn wieder auslässt, legt er rasch einige flache, schwere Steine darauf, der Haken kommt nicht mehr heraus. Er grinst durch seinen Gesichtsschutz, ihr werdet es schon noch lernen, scheint sein Blick zu sagen.

Das erste Zelt ist bezugsfertig, schnell werden eine Isomatte, ein Schlafsack und die persönliche orange Tasche in das Zelt gestopft, jedes Gewicht hilft. Wenn man einmal drin liegt, meint John, wird es schon dafür reichen, dass der Wind es nicht aus der Verankerung reißt. Solche Bedingungen kenne ich nicht, der Geschmack des Abenteuers wird schal. Der Klang des Tales hat sich verändert, seitdem die Zelte im Wind mitflattern. Unser Lager sieht aus wie eine

Ansammlung von Steinhöhlen, aus denen oben gelb-blaue Kunststoffkuppeln ragen, primitiv, doch das Gelb tröstet. Ich beziehe mein Zelt, an allen Seitenwänden werden Kleidungsstücke und Taschen aufgetürmt, um die Kälte auszusperren. Möchte mit einem Pflaster ein Bild meiner Familie an der Zeltwand aufhängen, es gelingt nicht, es ist zu kalt, der Klebstoff des Pflasters hält nicht. Ich ärgere mich darüber, stopfe mir deshalb meinen Schlafsack voll mit Fleece, damit es zumindest den Anschein von etwas Wärme gibt. Breite eine Fellweste darin aus, schon besser.

Ein kaum sichtbarer ausgetretener Pfad führt über den Hang hinunter zum Gemeinschaftszelt. John ist schon unten, und als ich eintrete, ist es bereits merkbar wärmer darin. Ich setze meine Mütze ab. „Erstaunlicherweise fallen einem nicht sofort die Ohren ab", meint John und lacht mich an. Fühle mich langsam mehr zugehörig, spüre wieder das Besondere an diesem Ort, das Magische, und kann es immer noch nicht begreifen, bald mit einer heißen Tasse Tee an diesem exponierten Punkt zu sitzen, an dem bislang erst sehr wenige Menschen sein durften.

1903 von Scotts *Discovery*-Expedition eigentlich per Zufall entdeckt, entfaltete dieses Tal, das Scott schließlich nach seinem Geologen Taylor benannte, schon auf diese unglücksvolle Gruppe seine Faszination. Scott schrieb in seinem Tagebuch, er könne nicht anders, als dieses Tal – eines der bekannten Trockentäler oder Dry Valleys – als wunderbar zu bezeichnen, obwohl sie nichts Lebendiges erblickten, nicht einmal Moose oder Flechten – ein Eindruck, der sich nicht als wahr bestätigen sollte. Für Scott war es das Tal des Todes. Dabei gibt es hier Flechten, orangefarbene, gelbe, doch haben sie sich vor der Kälte geschützt, sie färben keine Steine an der Außenseite, wie man dies von den Alpen kennt, die Flechten haben sich hier auf ein Leben *innerhalb* der Steine spezialisiert. Lebende Steine: Sie brauchen Jahrhunderte, um in der festen Matrix zu wachsen. Die Uhr tickt hier langsamer als sonstwo auf der Welt. Entweder man versteht die Ethik dieses Ortes oder eben nicht. Letzteres macht das Dasein hier miserabel.

Das Tal zieht sich bis zum Taylor Glacier, bis dorthin trifft man auf drei große Seen: Lake Fryxell, Lake Hoare und Lake Bonney. Alle drei permanent eisbedeckten Seen haben ihren eigenen Charakter, sind nicht miteinander vergleichbar, daher werden sie alle regelmäßig in aufwendigen Messprogrammen beprobt und beobachtet. Ein Ausleger des Meeres hat dieses Tal einst überflutet, der gesamte Meeresarm wurde als Lake Washburn bezeichnet. Ein salziger Fjord. Als er sich wieder zurückzog, blieben diese Seen übrig. Am Grund dieser Seen verblieb eine Salzlake. Diese macht das Wasser noch dichter, sodass es nie mehr aufsteigen, nie mehr das darüber liegende Wasser durchmischen wird, über die letzten paar Tausend Jahre nicht mehr. Das biologische Rad dieser Seen wird bestimmt durch das Schmelzwasser der umgebenden Gletscher, welches im Sommer über wenige Wochen langsam am Rand der Eisdecke in den Wasserkörper rinnt. Es gibt keinen anderen Zufluss, Niederschlag gibt es hier kaum, fällt er doch, dann sublimiert er sofort.

Einer dieser Gletscher ist Blood Falls. Der Name bezeichnet sein Äußeres. Als Teil des begrenzenden Taylor-Gletschers erscheint er tatsächlich blutrot. Ein aufregendes Beispiel für physikalische und chemische Nischen, in welchen mikrobielles Leben noch gedeihen kann. Blood Falls zeichnet sich durch stark konzentrierte Meerwasserrückstände und Verwitterungsprodukte aus. Das Ergebnis ist eine rote, eisenhaltige Salzlake, die während der kurzen Sommerwochen in den Lake Bonney fließt. Wahrscheinlich ist dieses Schmelzwasser das älteste Wasser in den Dry Valleys, stammt aus einer Zeit vor drei bis fünf Millionen Jahren, als die Täler noch Fjorden ähnelten. Das Erstaunliche: Es überleben in diesem roten Eis Mikroorganismen, die sich von ungewöhnlichen chemischen Substanzen ernähren können – und uns vielleicht Hinweise geben können, wie es Überleben geben kann unter Eiskappen anderer Planeten.

Die erste Nacht im Zelt ist eine Gratwanderung zwischen Faszination und Grauen. So wie ich hergeflogen bin, so liege ich jetzt in meinem Schlafsack, in derselben Kleidung, Daunenjacke, die Mütze tief im Gesicht, nur die Stiefel stehen im Vorzelt, zum Schlafen trage ich meine Bergschuhe. Mir ist, als ob ich in einer zähen Masse tauchen würde. Ich höre das schwache Brummen eines Hubschraubers, der sich dem Lager langsam nähert. Hoffe, der Hubschrauber ist für uns bestimmt und nicht für die beiden Lager weiter drin im Tal. Welch Niederlage, würde er über unseren Köpfen hinwegschweben. Der Pilot erkennt mich, als ich mit dem Funkgerät nach draußen laufe, ohne meine Überjacke, die Kälte ohrfeigt mich dafür, aber es ist mir egal, ich warte, das Warten ist stärker als körperliche Bedürfnisse. Er zieht eine Schleife ganz knapp über meinen Kopf, dann eine zweite, „bist du verrückt?“, schreie ich in das Funkgerät, ich werfe mich zu Boden, habe Angst, er könnte mich streifen, er zieht den Hubschrauber wieder in die Höhe und peilt die Landeplattform an, die neben unseren Zelten steht.

„Du musst nicht den Boden küssen, wenn ich lande, Mädchen“, lacht er in das Funkgerät hinein. Ich habe inzwischen von den Amerikanern so viel unanständigen Slang gelernt, dass ich eine Kostprobe davon abgebe, während ich den Reply-Knopf auf dem Funkgerät drücke.

„Keine gute Idee, die Funkstation in McMurdo hört alles mit“, meint er. „Zügle deine Worte.“ Vorsichtig setzt er die schwere Huey auf die Holzfläche, stellt sie ab. Ich lache ihn an, als er die Tür öffnet, die Rotoren laufen, gebückt renne ich zu dem Hubschrauber hin.

„UND?“

„Immer dieselbe Frage“, sagt er, „ja, ich habe Post, aber sorry, für dich ist nichts dabei. Aber wie wär’s mit der Party Samstagabend in McTown?“

„Verdammt, ich will nicht mit dir tanzen, ich warte auf Post“, denke ich mir. Die Enttäuschung ist groß, macht alles wieder schwarz-weiß. Ich bringe den Postsack in das Lager, die anderen freuen sich, jedes Lebenszeichen aus der vertrauten Welt da draußen ist so wertvoll in unserem Tal. Es gibt Briefe, Fotos, Postkarten, es ist schön, in diese glücklichen Gesichter zu sehen. Worin unterscheiden wir uns von Menschen in einem Gefängnis ohne Mauern? Worauf lohnt es sich hier, zu warten? Auf den Hubschrauber, der einen aus dem Tal hinausbringt nach McMurdo, in die vermeintliche Zivilisation der Satellitenstadt, um die zweiminütige Dusche nach Navy-Manier zu genießen? Der einen vielleicht zu einer Party auf der Basis bringt, wo man einmal andere Leute sieht als die gewohnten wenigen Personen, mit welchen man Tag und Nacht beinahe alles teilt? Hierher wird kein Besuch kommen, niemand bringt uns die aktuelle Tageszeitung.

Nach vier Wochen Warten ein unerwarteter Funkspruch des Piloten: „*Wanna see you at the helopad*!"

„*Roger*", hab verstanden, ich renne wieder mal hinaus. Der Pilot hält ein Paket hinter seinem Rücken, begleite ich ihn jetzt auf eine Party oder nicht? Okay, okay, gib schon her. Er lächelt mich an, drückt mir das zerbeulte Paket in die Hand und noch ein paar Akkus dazu. Unsere Akkus für die Funkgeräte sind in sehr schlechtem Zustand, wir können kaum noch funken. Nicht sehr förderlich auf diesem Kontinent. Er hat noch ein Paket für mich, sagt „lasst es euch schmecken", unglaublich, er hat Shrimps für uns abgezweigt. Hat leider keine Zeit mehr, mit hineinzukommen auf eine heiße Tasse und Tratsch von McMurdo, er muss noch die *Stream Queens* versorgen, die Königinnen der Fließgewässer hier im Tal, zwei lebenslustige Burschen, die ihren Namen durch ein Missverständnis über Funk bekommen haben, aus Stream Team wurde eben *Queen*.

Das Wetter zieht zu, die Sicht wird schlechter. Er würde schon bleiben, bei uns, wenn es verbesserte Konditionen gäbe, grinst er uns an und greift gleichzeitig nach seinem Helm, grüßt uns noch in der Tür, und bald darauf hört man den Helikopter starten. Seine gewohnter Abschiedsgruß – er zieht die Nase seines Vogels, wie er die Huey immer liebevoll nennt, noch einmal tief runter, sodass wir ihn gut sehen können, und dreht ab. Aus dem ohrenbetäubenden Getöse wird plötzlich unerträgliches Schweigen. Wir hängen dem Geräusch noch lange nach, es wird wohl länger dauern, bis er wiederkommt, mit Paketen, mit Briefen, Gefühlen aus der Nordhalbkugel.

In dieser völligen Stille fängt sich Craig als erster, er ist unser Gourmet hier im Außenlager. Er geht nach draußen, pickelt etwas Eis aus der Seeoberfläche und grinst zufrieden, als er wieder hereinkommt. Gibt die Eisbröckchen in ein Sieb, legt die rohen Schrimps darauf, quetscht eine grüne Paste aus einer Tube in eine Tasse, es ist japanischer Wasabi-Kren, dieses unheimlich scharfe Zeug. Viele Zutaten exotischer Küchen lernte ich erst in unserem primitiven Lager kennen. Craig steigert sich noch. Holt die Plastikbecher aus dem Regal, macht die Ränder nass, stülpt sie in eine Schüssel mit Salz und zaubert uns einen *Margarita*. Wenn wir schon draußen nicht erfolgreich sind, dann sollten wir wenigstens nicht deprimiert zugrunde gehen, so sein Resümee des Tages. Die Kunst, eine Gruppe zusammenzuhalten und zu motivieren, ist wesentlich bei Polarreisen, ob im letzten Jahrtausend oder heute. Wobei es bei den Pionieren noch um Menschenleben ging. Heute geht es „nur“ um Zeit.

LEBEN IM EIS

Vier Uhr morgens. Craig schlägt mit der Hand auf die Zeltplane: „*Get up, Austrian, limno run*!" Lass mich in Ruhe, ich bin eben erst eingeschlafen, denke ich mir. Abermals ein Schlag mit der Hand auf den gelben Kunststoff: „Steh auf, beeil dich."

Die Wimpern kleben aneinander, die Augen sind nicht zu öffnen. Immer wieder dasselbe Spiel: mit den Handschuhen den Reif von den Wimpern herunterreiben, der meine Augen nicht sehen lässt. Selbst im halbwachen Zustand bin ich noch in einer anderen Welt, dort, wo man ohne Schuhe ins Bett geht.

Das Gelb der Zeltbahnen lässt von innen noch nicht erahnen, welches Wetter heute auf uns wartet. Das Gewebe des Zeltes flattert, verursacht ein unregelmäßiges, knallendes Geräusch. Ein Geräusch, das ich so liebe, von dem ich jetzt schon weiß, dass es mir fehlen wird, auch wenn ich es noch hautnah erlebe. Es graut mir davor, den Schlafsack zu öffnen, ich schiebe es hinaus, wie in der Schulzeit, ich musste immer mehrere Male geweckt werden, habe das Aufstehen hinausgezögert, bis ich wieder mit Kakaobart und dem Marmeladebrot in der Hand über die Felder zum Bahnhof gelaufen bin, um den Zug nach Innsbruck noch zu erwischen. Ich hasse diesen Moment, denn ich weiß genau, gleich ist der wärmste Augenblick des ganzen Tages vorbei. Schließlich öffne ich dennoch den Reißverschluss, rolle mich aus dem noch warmen, dicken Schlafsack, suche nach meiner Pinkelflasche – und der Tag ist schon wieder verhaut. Weil ich am Vorabend zu faul war, den Inhalt in die große Tonne zu leeren und die Flasche außerhalb des Schlafsackes liegen gelassen habe, ist sie gefroren und lässt somit keinen Platz mehr. Das bedeutet rasch aufstehen, hinunterlaufen zum Toilettencontainer, um mein Geschäft in eine große Konservenbüchse, welche unter einer Klobrille steht, zu erledigen. Eine Erleichterung in freier Natur ist undenkbar, es würde Jahrzehnte oder noch länger dauern, bis die Spuren nicht mehr sichtbar sind, daher muss alles gesammelt werden. Möchte noch meine Zahnpasta mitnehmen, auch sie ist gefroren. Habe die „Aufsichtspflicht" verletzt, nicht aufgepasst, nun ist alles unbrauchbar geworden. Es braucht mindestens zwei Tage, bis alles wieder aufgetaut ist. Auch die Schuhe sind völlig steif, es ist absolut unmöglich, sie für meinen Schritt willig zu machen.

Es ist hell. Es könnte jede Tageszeit sein, denn es ist dauernd hell, egal, ob man zu Bett geht oder ob man gerade aufsteht. Ich kämpfe mich in meine Überhose hinein, der Rest von meinem sogenannten Pyjama bleibt am Leib, Tag und Nacht, wie die Mütze, die Handschuhe. Ich torkle mit meiner gefrorenen Zahnpasta und der Pinkelflasche über den Hang hinunter zum Gemeinschaftszelt. Craig sitzt schon dort, hat mit meiner kleinen Espressokanne bereits Kaffee aufgesetzt, fauchend kriecht der starke Espresso in das Oberteil der zusammengeschraubten Kanne und bildet dabei leichten hellbraunen, duftenden Schaum. Einige Scheiben Brot aus einem Stapel Kisten vor der Tür werden hereingeholt, um sie auftauen zu lassen. „*Morning.*" Mehr braucht man sich zu dieser Uhrzeit auch auf diesem Kontinent nicht sagen.

Unsere Vorarbeiten für die Untersuchungen müssen so früh wie nur möglich gestartet werden. Es wird ein langer

Tag, ein *limno run*: eine Beprobung mit langer Filtrierarbeit bis in die Nacht steht uns bevor. Ich schiebe mir die gefrorene Zahnpastatube zwischen die Pullover auf den Bauch, ein kurzer Schreckmoment, der nicht viel zur Besserung meiner Laune beiträgt. Gelingt es mir hier nicht einmal, das Mindestmaß an Hygiene zu erfüllen? Nippe gedankenverloren Espresso aus meiner Tasse mit dem Goldenen Dachl drauf und hoffe, die anderen nicht mit Mundgeruch zu verschrecken. Craig schiebt mir wortlos eine inzwischen aufgebackene Scheibe Brot auf einem Plastikteller her, dazu ein Glas Erdnussbutter.

In meinem Kopf sehe ich fruchtige hausgemachte Marillenmarmelade, der Duft der einkochenden, satten Früchte zieht sich durch das ganze Haus, ich bin barfuß zuhause, die hölzernen Jalousien sind geschlossen, um die stehende Sommerhitze draußen zu lassen. Nein, keine Marmelade, meint Craig, nur Erdnussbutter, dafür *crunchy*. Kann er Gedanken lesen? Aber offenbar ist Erdnussbutter frühmorgens ein zentrales Thema. Er hat große Hände, wie ein liebenswerter, gutmütiger Bär. Das Schicksal unseres Teams, unserer wissenschaftlichen Leistung liegt in diesen großen Händen. Craig geht voraus, ich nenne ihn *Pig Paw*, die Große Pfote, jeder Indianer hat seinen Namen. Im Gefolge seiner großen Pfote kann nichts passieren, so scheint es, auch wenn die Eisschollen über unserem Programm zusammenbrechen würden, mit *Pig Paw* wäre das alles kein Problem, er ist der Anker unserer Gruppe.

Ein eiskalter Windstoß fegt durch den Tunnel, als Christine hereinstolpert. Ihre Augen sind kaum sichtbar, das Gesicht verschwollen von der kalten Nacht. Draußen rüttelt der katabatische Wind, ein Fallwind, der mich an zuhause denken lässt, doch während der warme Föhn bei uns zu Weihnachten alle Schneemänner sterben lässt, lässt dieser Wind hier alles erstarren. Die Zelte, unser Zuhause auf Zeit, werden von diesen aggressiven Winden arg mitgenommen, zerfetzt, manche sogar talauswärts gewirbelt, als wolle der Wind die arrogante Anmaßung des Menschen, sich hier für kurze Zeit niederzulassen, mit Füßen treten. Diesen Wind als uneingeladenen Gefährten bei der Arbeit zu haben, macht dich zweifeln an allem Tun.

Craig räumt unbeirrt die Kisten nach draußen, die wir am Vorabend mit unzähligen beschrifteten Probenflaschen vorbereitet haben. Christine, eine junge Wissenschaftlerin aus Montana, und ich packen unsere noch steifen Körper in die Daunenjacken, stopfen uns den täglichen Sack Nüsse und Schokolade in die Taschen. Außer wie wild zu arbeiten ist immer zu essen das Einzige, was hilft, den kleinen Messerchen, die dir dauernd unter die Jacke kriechen wollen, die Stirn zu bieten. Dauernd essen, um warm zu bleiben. Der menschliche Körper braucht bei diesen Temperaturen täglich 5000 Kilokalorien, um die Kälte zu kompensieren.

Um uns auf dem Eis sicher bewegen zu können, schnallen wir uns mit Stahlnoppen versehene Gummisandalen um die schweren Stiefel. Schwerfällig treten wir hinaus, es ist hell, der Wind macht unsere verschlafenen Augen noch schmäler. Ich hänge den Nansen-Schlitten an unser Fahrzeug, ein Polaris-Allrad mit beheizbaren Handgriffen, ein Gefährt, wie es reiche Menschen zum Rasenmähen auf riesigen Grundstücken verwenden. Der Schlitten aus Holz, welcher hinten angehängt ist, wurde seit Nansens Expedition vor über hundert Jahren nicht mehr verändert.

Nansen war der erste Polarforscher, der eine Annäherung zum Pol mit Schlitten, Hunden und Schiern geplant hatte. Als Norweger wusste er, wie man sich in Schnee und Eis bewegt, Hunde und Schlitten waren ihm seit seiner Durchquerung des grönländischen Inlandeises als bewährtes Fortbewegungsmittel der Inuit bekannt. Nansen war auch der Erste, der beinhart mit seinen Schlittenhunden als Nahrungsquelle kalkulierte und dementsprechend die schwachen Hunde den starken verfütterte. Somit verringerte sich das Gewicht des mitzutransportierenden Hundefutters. Schlussendlich wurden die Schlitten von den Männern selbst sowie von einigen wenigen Hunden gezogen, die ihnen die Rückkehr ermöglichen sollten. Sogar Amundsen hat von dieser Technik profitiert, was ihn schlussendlich den Wettlauf zum Pol gegen Scott gewinnen ließ.

Heute dürfen in die Antarktis keine Hunde mehr gebracht werden. Laut dem Antarktisvertrag ist dies strengstens untersagt, um der Verkeimung entgegenzuwirken.

Wie schön wäre es manchmal, einem anhänglichen, warmen Pelz zwischen den Ohren zu kraulen, hier, in diesem unwirtlichen Tal, wo es scheinbar kein Eigenleben gibt. An unserem Camp sieht man, wie wichtig es hier ist, sich etwas Heimeliges zu schaffen. Seit vielen Jahren wird es bereits verwendet, meist von wechselnden Gruppen, doch der Kern bleibt immer gleich: die Gruppe um John Priscu. Das Camp ist praktisch sein Zuhause, er hat es mit geplant, aufgebaut. An einer Tür ist ein Plakat aus seiner Heimat aufgezogen, es zeigt einen Schifahrer im tiefen Schnee der Berge von Montana. An der Decke baumeln Flamingos, schrill in der Farbe, explodierende Blüten wie aus Hawaii, dazu kitschige Weihnachtsdekoration wie in den USA, auf Augenhöhe hängen Kaffeetassen aus Kunststoff. Das Zimmer lässt mich an Scotts Hütte denken, dort stehen Emailtassen, die immer noch auf ihre Benützer zu warten scheinen. So vieles erinnert hier an die Zeit der Pioniere mit all ihren Entbehrungen, und doch liegt eine Welt dazwischen.

Ein Hubschrauber fliegt geräuschvoll über unser Lager und reißt mich schlagartig aus diesen sentimentalen Gedanken. Nein, eigentlich gleicht nichts mehr den Zeiten Scotts, auch wenn viele sicher hierherkommen, um dieser Atmosphäre der Entdeckerzeit nachzuspüren. Der Mythos der Pioniere, die vor hundert Jahren mit ihren Berichten der europäischen Welt Schauer des Schreckens und gleichzeitig der nationalen Verzückung über den Rücken gejagt haben, sitzt tief in unserem kollektiven Bewusstsein. Doch wen elektrisiert das Elend anderer nicht, solange es uns selbst nicht angreift? Die Gänsehaut kommt nicht vom eigenen Frieren, sie kommt vom Schaudern über die anderen.

Das Programm, für das wir arbeiten, trägt den Namen LTER, *Long Term Ecological Research*. Weltweit sollen Gebiete, welche einen hohen Stellenwert in Bezug auf die Erdentstehung und die globale Entwicklung besitzen, geschützt und erforscht werden. Die McMurdo Dry Valleys sind seit 1993 Teil dieses ehrgeizigen Projektes und werden seitdem in mehreren Disziplinen untersucht. Zahllose wissenschaftliche Gruppen bemühen sich um Gelder von staatlichen Stellen für ihre Forschungsvorhaben. Die Ökologie dieser Täler ist einzigartig und wäre in dieser Form niemals wieder herstellbar, wenn einmal in sie eingegriffen würde. Flechten wachsen inmitten von Steinen, sie entstanden über Jahrhunderte, ihr Alter ist fast unvorstellbar, ihr Lebenszyklus so alt wie europäische Burgen. Ein unvorsichtiger Schritt, und mehrere hundert Jahre von Wachstum sind zertreten.

Die Kälte gibt den Takt an, macht alles langsam; Alles, was hier wachsen und überleben will, lebt in Superzeitlupe, wie es ein Schweizer Journalist, dem ich über Stunden hinweg meine Erlebnisse schilderte, trocken auf den Punkt brachte. Es gibt nichts Langsameres auf der Welt, nichts Zerbrechlicheres als das Leben hier; als wäre es das letzte Aufgebot, die letzte Reserve.

Still ruhen die Seen, die die Dry Valleys durchziehen, kein Wellenschlag, kein Wind kräuselt die Oberfläche. Eine Szenerie weitab von unserer Winterromantik. Versiegelt die Landschaft. Geschützt. Wie ein grobes, fahrlässiges Verbrechen scheint es, als wir mit unseren Bohrern diesen Panzer aufbrechen, aber wir glauben zu wissen, was wir tun, wenn wir unsere Proben entnehmen, und spüren gleichzeitig das Dilemma des Unwiederbringlichen.

Es ist inzwischen fünf Uhr morgens. Das Eis ächzt unter der Temperaturdifferenz zwischen Tag und Nacht. Es knallt, es peitscht, wie Schüsse. Wie bei uns zuhause beim „Aperschnalzen“, denke ich mir, wenn die Männer im Dorf den Winter hinauspeitschen und das Gras ausläuten mit den Kuhglocken am Wams. Haarfeine Risse schnellen durch den dicken Eispanzer, das Eis ergibt sich, wehrt sich gegen die Spannungen. Für uns kaum spürbare Nuancen des Temperaturunterschiedes wirken sich auf dieses Siegel lautstark aus. Zusätzliche Gänsehaut ist fast schon nicht mehr möglich, und doch schreckt mich dieses Geräusch. Angstvoll schaue ich auf das Eis hinunter, auf dem ich stehe. Lächerlich ist diese Furcht, vier Meter dickes Eis trennt mich noch vom Wasser. Die Arbeit in den Hochgebirgsseen der Alpen lässt uns zu Saisonende im Frühsommer noch auf weniger als zehn Zentimeter dickem Eis arbeiten.

Manche Stellen sind so glasklar, dass man den Grund erkennen kann: mikrobielle Matten, ein Überzug aus mikroskopisch kleinen Zellen, zu einem großen Geflecht verbunden, machen die Steine am Seegrund lebendig. Ich fühle mich wie auf einem Glasbodenboot. Die Glasscheibe der Antarktis, das Eis, trennt uns vor Jahrmillionen von unberührter Geschichte. Nichts bewegt das Wasser unter dem Eis, alles scheint farblos. Und doch lebt diese Welt und kann uns Antworten auf die Frage geben, wie Leben vielleicht auf anderen Planeten funktionieren könnte. Sie zeigt uns, wie stümperhaft eigentlich das Konstrukt Mensch ist, wie wenige Überlebensstrategien wir für ein wirklich langfristiges Bestehen haben. Wir ziehen die Schnur des kleinen Motors, der den Eisbohrer antreiben soll, er stottert, wieder und wieder, widerwillig läuft er an, das rhythmische Geräusch reißt die heilige Atmosphäre dieses Tals in Fetzen, grob ist es, Geräusche des zivilisierten Menschen haben hier keine Berechtigung. Ich fühle mich so unwohl wie schon lange nicht mehr. Wir setzen den Bohrer an, er schlittert, die Bohrspitze beißt nicht. „Verschwindet!“, scheint das Eis zu sagen. Nur langsam frisst sich die Metallspitze in den Panzer, wirft trockene Späne von feinem Eis auf die Seite. Craig und ich liegen mit unserem ganzen Gewicht auf dem kleinen Motor, um die stumpfe Spitze in das Eis zu drücken. Es ist fast ein Betteln. Christine klammert sich an das Bohrgestänge, versucht, mit ihren Stiefeln den Bohrkopf in einer Richtung zu halten. Plötzlich schreit sie, wird vom Bohrgestänge weggeschleudert. Wir lassen die Vorrichtung aus, stürzen zu Christine, die erschrocken auf dem Eis liegt. Der Bohrkopf hat sich im Verschluss ihrer Steigeisen verfangen. Noch ein paar Umdrehungen und der Stahl wäre durch ihren Stiefel gedrungen.

Craig ermuntert uns, weiterzumachen, denn wenn das Gestänge auf eine Wasserlinse im Eis trifft und nicht weiter bewegt wird, gefriert es sofort an. Wir drängen uns wieder um den Bohrer und drücken unser Gewicht auf den verstummten Motor, diesmal mit einem Sicherheitsabstand von den Klingen des Bohrkopfs. Christine scheint unerschrocken, mein Herz hämmert noch lange nach diesem Zwischenfall. Was hätten wir getan, wenn sich der Bohrkopf in ihren Fuß gearbeitet hätte? Hätte Chris, unser Pilot, sie holen können? Hätte sie aus McMurdo ausgeflogen werden können? Hätte, hätte ...?

Nachdenklich und mechanisch bohren wir in die betonharte Schicht hinein, der Widerstand wird weniger, glücklicherweise sind wir auch auf keine Wasserlinse gestoßen. Wir holen Meter um Meter von altem Eis heraus, legen es auf eine eigens dafür vorbereitete Schablone, um es vermessen zu können, in Zehn-Zentimeter-Abständen bohren wir kleine Löcher in den Kern, um mit einem Temperaturfühler die Eistemperatur ablesen zu können. Minus 20° C hat der Eiskörper, gegen die Wasserlinie hin wird er merklich wärmer. Die Kerne werden sorgsam in Schläuche aus Kunststofffolie eingepackt und kommen in einen *freeze-safe*, einen großen Container, der dick mit Styropor ausgekleidet ist, um das Eis unter denselben Bedingungen zu halten. Wenn der McMurdo Sound die Eisdecke verliert, kommen die Versorgungsschiffe aus den Vereinigten Staaten bis an die Küste, bringen frische Lebensmittel und neue Konserven und holen die Müllcontainer ab. Auch unsere Eiskisten werden mit diesem Schiff transportiert und kommen erst Monate nach unserer Heimkehr in einem Hafen in den USA an.

Die Kisten werden noch gefüllt, da gibt uns Craig die Anweisung, nun besonders vorsichtig zu sein, wir nähern uns der Wasserlinie und werden bald das Eis durchstoßen. „Macht schnell, wenn ihr plötzlich keinen Widerstand mehr spürt, das Gestänge muss raus, zieht dann, so schnell ihr könnt. Brigit, du ziehst, Christine, du zerlegst sofort das Gestänge." Sollten wir die Wasserlinie erreichen und das Gestänge zu langsam zurückziehen, wird es sofort anfrieren. Keine Kraft der Welt bringt den schweren Stahl wieder aus dem Eis heraus, schärft uns Craig ein. „Also, denkt daran, macht schnell!" Der Puls geht hoch, wir alle warten auf das plötzliche Fehlen des Widerstandes, liegen mit dem ganzen Gewicht auf dem Motorkopf, beim Durchbrechen muss blitzschnell reagiert werden. Der Bohrer frisst sich weiter durch das Eis, frisst und frisst, lange noch, doch plötzlich ein Ruck, und wir fallen beinahe vornüber, als der Bohrkopf in den See sticht. „Schnell!", schreit Craig, er schaltet den Motor aus und zieht an dem Gestänge wie ein Verrückter. „Verdammt, zieht!", brüllt er, wir ziehen, was wir können, doch acht Meter Gestänge aus Metall haben ein unglaubliches Gewicht. Bitte bloß nicht anfrieren, denke ich mir, schnell, schnell. Plötzlich, wir rütteln noch immer mechanisch an dem Bohrer, rührt sich nichts mehr. Craig tritt einen Schritt zurück, Christine und ich ziehen immer noch, als ob es ums Überleben ginge, „lasst es sein", sagt Craig leise, „zu spät, wir stecken."

Was? Das kann doch nicht wahr sein. Schneller kann man den Bohrer doch nicht heraufziehen, denken wir. Nein, schneller nicht, aber koordinierter. Entmutigt lassen wir uns auf das Eis fallen. Und jetzt? Wie bekommen wir das Gestänge wieder heraus? Die Eisdecke taut nie auf. Die Oberfläche sublimiert einige Zentimeter im Jahr, von unten her wächst es wieder an, somit erneuert sich die Eisdecke etwa in vierzig Jahren. Wir müssen knapp daneben hinunterbohren, aber haben wir überhaupt noch so viele Verlängerungsstangen?

„Es geht", sagt Craig, „wenn wir ein Loch haben." Aber wir müssen aufpassen, dass wir nicht die Schneiden in das eingefrorene Gestänge bohren, sonst ist der Reservekopf stumpf. In das Bohrloch stecken wir unseren *Hotfinger* hinein, ein Stahlrohr, das man über einen Generator beheizen kann, womit man das umliegende Eis etwas antaut. Wenn wir nahe genug dran sind, dann schmilzt vielleicht der Panzer an einer Seite auf und wir bekommen das Gestänge heraus.

„Bindet den Hotfinger aber am Generator fest", rät uns Craig, „wenn es antaut, kann ich nicht garantieren, wie stark es taut, im schlimmsten Fall fällt uns das Gerät durch das Eis in den See." Der Generator ist aber noch im Lager, auch der Reservekopf.

Eine schlechte Kombination, sinniert Christine, die mit mir hinten auf dem Schlitten sitzt, während Craig über das holprige Eis ins Lager zurückfährt. Die Sonne scheint ihre Position nicht verändert zu haben, es ist früher Morgen, unser Programm steht jetzt schon still. Zurück im Lager wuchten wir den schweren Generator auf den Schlitten, ich gehe inzwischen in den Maschinenschuppen und befülle die Treibstoffkanister, schnappe das Set, welches man hier immer mitnehmen muss, um etwaige Verschmutzungen auf dem Eis durch Öl oder Diesel zu entfernen, gehe missmutig zurück zum Polaris, Craig und Christine haben inzwischen den Reservebohrer vertäut, ich greife noch schnell in meine Daunenjacke und leere mir aus dem Beutel mit Nüssen einen kleinen Happen in den Mund. Mit Handschuhen kann man keine einzelne Nuss greifen.

„Los jetzt", sagt Craig, „bis morgen muss das Gestänge wieder frei sein." Ich setzte mich hinten auf den Schlitten, diesmal ist es etwas beengter, der Generator macht die Fahrt unbequem, mir graut schon vor der nächsten Bohrung. Was, wenn wir wieder festfrieren? Wie viel Sinn hat das Ganze? Destruktive Gedanken sind hier keine Seltenheit, es gibt hier keine Sonnenblumenstimmung, man muss sich nicht wundern, wenn der Lagerkoller ausbricht, tausende Auslöser gäbe es dafür. Der Schlitten rumpelt über das unebene Eis, wir müssen den Generator mit aller Kraft festhalten, damit er auf der rauen Fahrt nicht kippt, während wir uns dem einsamen Gestänge nähern, das schräg aus dem Eis herausschaut. Voller Trotz schaue ich der Stelle entgegen. Bockig. Unwürdige Arbeit, denke ich, sinnlos. Und gleichzeitig: Wir müssen uns das nächste Mal besser koordinieren. Gleichmäßiger ziehen, nicht ruckartig, die kurzen Pausen reichen schon, um das Gestänge an dem aufsteigenden Wasser anfrieren zu lassen.

Wieder dieselbe Prozedur: den Bohrkopf vorsichtig ganz nahe ansetzen, hoffen, dass er anbeißt, Gewicht auf den Motorblock drücken, das Gestänge in der Vertikalen halten, denn wenn wir schief bohren, gibt es das Eis ebenfalls nicht mehr her. Es dauert Stunden, bis Craig den Bohrer zurücklegt und den *Hotfinger* heranschleppt. Ich befülle den Generator, Christine befestigt die Kabel, sodass sie nicht auf dem Eis liegen, denn durch die Wärmeentwicklung würden sie sich in das Eis schmelzen und gleichzeitig festfrieren, weil es sofort an der Oberfläche wieder hart werden würde. Es sind viele kleine Tricks, die man anwenden muss, kennt man sie nicht, wird man mühevoll belehrt. In keinem Lehrbuch ist nachzulesen, wie man in der Antarktis ein Bohrloch erstellt. Es wird hier alles selbst erfahren.

Wortlos fahren wir wieder zum Lager zurück. Aus dem Tunnelzelt blicken wir durch die kleine, meist mit Eisblumen versehene Plexiglasscheibe hinaus auf den See. Das Gestänge ragt immer noch schräg aus dem Eis, man hört ganz schwach das Brummen des Generators, der nun für uns arbeiten sollte. „Wenn es gelingt, die notwendige Hitze im Hotfinger zu erzeugen, können wir das Bohrgestänge morgen losbrechen, wenn nicht, dann waren wir mit dem Schmelzloch zu weit weg", murmelt Craig gedankenverloren vor sich hin, als er mit uns am Fenster steht.

„*Okay – lunchtime*", sagt er. Essen ist hier immer der Tröster. Das Programm von heute über den Haufen geworfen, einen Tag verloren, sicher nicht der letzte, doch mit Essen dreht sich die Sonne weiter über unseren Köpfen. Craig geht hinaus in den Kühlschrank, der eigentlich nur ein in den Boden versenkter Holzcontainer ist, in welchem unsere Lebensmittel gefroren bleiben. Im Permafrost könnte man Lebensmittel über viele Jahre aufbewahren. Er kommt zurück mit gefrorenen Wurstscheiben und eingelegten scharfen Paprikaschoten. Wir bereiten fast jeden Tag unser eigenes Brot zu, die Stationsküche gibt uns gefrorene Backmischungen mit, welche wir selber kneten und am Abend backen. Der Duft frischen Brotes versöhnte schon nach manchem Streit. Da bin ich mir ganz sicher. Frisches Brot macht milde und zufrieden wie eine Tafel Schokolade. Christine schneidet das knusprige Brot auf, verteilt Chips auf Kunststofftellern, sie gehören zu einem amerikanischen Menü, wie ich inzwischen gelernt habe. Craig brät für sein Team Wurstscheiben in der Pfanne, legt scharfe Paprikaschoten darauf. Still essen wir, trinken geschmolzenes Eis mit Orangengeschmackzusatz, ein gesüßtes Pulver.

Es ist schon spät nachmittags, wir beraten, wie man den Tag noch sinnvoll nutzen könnte. Wir haben bald kein Trinkwasser mehr, außerdem wird in den nächsten Tagen eine Kommission bei uns eintreffen, die unsere Wasserqualität überprüfen wird. Die Außenstationen werden regelmäßig auf ihre Hygiene hin kontrolliert, daher sollten wir vielleicht unsere Eiskübel säubern, damit niemand den ganzen Schmutz vom Schmelzwasser sieht, der nicht zu vermeiden ist. Im schlimmsten Fall werden Forschungscamps geschlossen, wenn sie nicht den Auflagen entsprechen, das bedeutet, ein wissenschaftliches Programm geht durch Schlamperei verloren. Die Kontrolle beinhaltet auch die Toilette, wobei schon das Wort allein zu hochgegriffen ist. Bin immer noch grantig. Was ist besser, einen Bohrer aus dem Eis herausschmelzen oder Klo putzen? Gehe in den Toilettencontainer, wo wieder jemand vergessen hat, sein Geschäft aus der Konservendose in das große Metallfass zu entsorgen. Der Inhalt ist schon gefroren.

HEILIGE ROBBEN

Die Täler um die größte Forschungsstation des Kontinents, McMurdo, sind wohl die marsähnlichste Landschaft, die man sich vorstellen kann, es hat dort seit zwei Millionen Jahren nicht mehr geregnet, das Transantarktische Gebirge blockiert den Niederschlag, macht diese Dry Valleys zur klimatischen Oase, es ist trockener als in der Sahara. Das Einzige, was die Täler formt, sind die starken katabatischen Winde. Diese föhnähnlichen, kalten Fallwinde vom polaren Plateau verwandeln die Felsen zu bizarren Gebilden. Selbst das Geröll in dieser Landschaft wurde über lange Jahre von diesem Wind geformt, ja geschnitzt, denn die fliegenden Kiesel polieren das Gestein, hinterlassen ihre Spuren, mehr noch, als eine menschliche Hand es könnte. Mannshohe Felsblöcke nehmen in der Fantasie tierähnliche Gestalten an, manche gleichen Seehunden, in andere hat der Wind ein Loch gescheuert, man kann die Hand durchstecken, das Gestein fühlt sich rund an, weich, wie nicht von diesem Planeten. Ein bizarrer Steingarten. Weit entfernt von dem, was man sich normalerweise unter Antarktis vorstellt. Außer der Kälte.

Die Dry Valleys sollten eher Death Valleys heißen, so hat sich das Scott schon gedacht. Kein einziges Lebewesen, das man zumindest mit bloßem Auge erkennen könnte, kreuzt meinen Weg. Und doch gibt es Leben: Der König der Eiswüste ist der ein Millimeter lange Fadenwurm, *Scottnema* genannt nach dem großen Polarforscher Scott.

Der Weg zu meiner Probenstelle ist ungefähr eine Stunde vom Lager entfernt, eine leise Stunde am eisigen Ufer des zugefrorenen Sees, wo sich kein Lärm in das Ohr setzt außer dem Wind. Der Sand am Ufer gleicht einem grobkörnigen Strand, gewaltsam wirken hier die Tritte meiner schweren Stiefel.

Inmitten dieser Sandwüste liegen vereinzelt Robben, scheinbar schlafend, doch bereits seit mehreren Jahrhunderten tot. Niemand kann Antworten darauf geben, warum diese Tiere sich den Weg durch das lange Tal gesucht haben, um schlussendlich dort zu sterben. Die Robben liegen im Sand, manche an einen Felsen geschmiegt, die Wimpern sichtbar, das Fell bewegt sich leicht im Wind, die Lefzen sind hochgezogen und lassen erahnen, wie lange diese Tiere schon hier liegen müssen. Weiße Zähne, weiße Kieferknochen unter der ledrigen Haut, die Augen halb geöffnet, scheinen sie schon seit scheinbar ewiger Zeit denselben Blick zu haben. Die verstorbenen Tiere wurden durch die Trockenheit und die Kälte lediglich gefriergetrocknet und werden noch weitere Jahrhunderte so überdauern.

Sucht der Mensch in Landschaften, in welchen er nur Eindringling ist, krampfhaft nach irgendwelchem Leben, um seine eigene Anwesenheit zu rechtfertigen? Die Robben scheinen die Hüter dieser Täler zu sein, ich wage nicht, sie anzugreifen, wage nicht, näher an sie heranzutreten, sie wirken heiliger als alles andere, was ich jemals sah und spürte, unantastbar. Größer als jede Religion für mich.

Was macht den Menschen so erhaben, in diese Täler treten zu dürfen? Was macht ihn so erhaben, Eisdecken aufzubrechen, die das Wasser seit Jahrtausenden bedeckt halten?

Leben im Eis soll es geben, etwas Verrückteres habe ich bis zu meiner Studienzeit nicht gehört. Und doch. Das Eis lebt. Hunderttausende Jahre altes Archiv, das Buch wird mehr und mehr aufgeschlagen und gelesen.

Die mikroskopisch kleinen Zellen überdauern im Eis in einem Ruhezustand; ein Zustand, der für den Menschen noch Science Fiction ist, denn er ist nicht wieder aufzutauen ohne gravierende Schäden. Mikroben überleben Gefrier- und Tauzyklen, den Stoffwechsel fast auf null, erzählen von Zeiten, als es noch Farne in diesen Tälern gab. Mit dem Wind verfrachtet, unfreiwillig im Schneefall, der über Polarregionen gefallen ist, archiviert, gefangen, chronologisch fast schon geordnet, um sich irgendwann lesen lassen zu können.

BEI SCOTT UND SHACKLETON

Kindheitsträume halten sich ewig, auch wenn sie schon lange erfüllt sind, und wer weiß, vielleicht werden sie auch noch in der Zukunft geträumt, wenn man selbst schon nicht mehr auf dieser Erde ist. Als Kind wird man von Geschichten begleitet wie eben jenen wahren Geschichten über die ersten Polarfahrer vor 150 Jahren, die nicht wussten, ob sie den ersehnten Punkt auf der Landkarte, den Südpol, erreichen und für ihr Land annektieren können und ob sie von ihren Reisen jemals wiederkehren würden. Außergewöhnliche Menschen wie Scott, Amundsen oder Shackleton machten sich in der Antarktis auf den Weg ins Ungewisse, suchend, scheiternd oder auch durch den Triumph belohnt. Auf ihren Spuren wandern zu können, ist ein großes Privileg und schafft eine Verbundenheit mit diesem rauen Kontinent, dass beinahe das Gefühl entsteht, nicht mehr in vertraute Strukturen zurückkehren zu können.

Es ist bereits kurz vor der Abreise aus der Antarktis – ich bete fast, dass das Wetter schlecht bleibt, damit die Station weiterhin unerreichbar ist. Zu nah schon, zu abrupt scheint mir der Abschied, die Tatsache, wieder in die „alte" Welt zu müssen.

Die Liste, die vor der Kantine hängt, ist schon lange voll. Wer einen Platz auf dieser Liste gefunden hat, reist – vorausgesetzt, das Wetter ist gut – weiter der Küste entlang zu einer Hütte des britischen Polarpioniers Robert Falcon Scott. Er hatte Anfang des 20. Jahrhunderts den wagemutigen Plan, den Südpol mit Hilfe von Traktoren und mandschurischen Ponys erreichen zu können. Welch eine Fehleinschätzung! Doch wer hätte es damals aus Erfahrung besser wissen können? Die Motoren fielen aus, die Ponys waren viel zu langsam und verendeten bald. Scott und einige seiner Männer erreichten schließlich zwar den Pol, jedoch als Verlierer. Der Norweger Roald Amundsen war vor ihm am Südpol angekommen und ging so als Entdecker des südlichsten Punktes in die Geschichte ein.

Niemals hätte ich mir träumen lassen, tatsächlich etwas von den Überresten dieser historischen Expeditionen erblicken zu können. Zu fern schienen sie mir, unerreichbar. McMurdo ist geprägt von ausgefeilter und erprobter Technik und Zivilisation, fast schon bizarr, dass inmitten dieser Hightech-Welt Scott so präsent ist.

Ich hoffe auf irgendetwas, das mich doch noch hineinbringen könnte in die Reihe der Anwärter, schreibe meinen Namen darunter und beschließe, einfach zum Abfahrtszeitpunkt mit meiner Ausrüstung hier bereit zu sein.

Das Hoffen hat sich gelohnt, ich habe tatsächlich einen Platz in diesem überdimensionierten Truck, der sich langsam über den knirschenden Schnee quält. Die kleine Gruppe ist aufgeregt wie bei einem Schulausflug, voller Erwartung. Die meisten, die dabei sind, haben sich verpflichtet, monatelang auf der Station McMurdo zu bleiben, und konnten das Gelände dort nur sehr selten verlassen. Und wenn, dann nur auf Sichtweite.

Die Saison ist bereits weit fortgeschritten, für die meisten Wissenschaftler ist es an der Zeit, ihre Außenstationen zu räumen, da die Tage sehr schnell kürzer werden und die Temperaturen gnadenlos fallen. Ausflüge dieser Art sind immer kleinere Belohnungen, sogenannte *boondoggles*, die die Arbeiter für die Strapazen der langen Saison entschädigen sollen.

Immer wieder muss die bullige Sommerraupe auf dem Eis stehen bleiben, damit Jeff, der verantwortliche Guide, die Eisdicke überprüfen kann. Er hüpft mit einem langen, handbetriebenen Eisbohrer aus dem Gefährt, von seinem Einschätzungsvermögen hängt es ab, wie sicher wir unser Ziel erreichen werden. Mit erhobenem Daumen gibt er uns das Okay zum Weiterfahren.

Das Licht wird immer intensiver, wechselt von grellem Gelb zu einem sanften Orange in allen Schattierungen. Es ist schon später Abend, wir fahren an einem Gletscher entlang, seine haushohe Flanke lässt uns vernachlässigbar klein erscheinen. Verletzlich. Mitten in dieser Flanke erkennt man ein Loch. Ich schaue Jeff ungläubig und zweifelnd an: Da müssen wir durch?

„*It's your choice*", meint er dazu flapsig und zeigt den anderen den Weg. Wir klettern hinauf bis zu diesem kleinen Loch, durch das man gerade noch seinen dick eingepackten Körper hindurchzwängen kann. Ich stehe davor und sehe nichts.

Das Licht draußen ist erbarmungslos hell, niemals wird dem Auge durch eine dunkle Nacht eine Pause gegönnt. Einer aus der Gruppe wagt es schließlich, er lässt sich vor dem Loch fallen und schlittert durch einen langen Kanal mitten in den Gletscher hinein. Der Guide grinst mich an, seinem auffordernden Blick folge ich schlussendlich, setze mich an den Abgrund dieser Öffnung, sie erscheint mir wie das Maul eines Eiskolosses. Friss mich nicht, denk ich unwillkürlich. Dann: Friss mich doch, ich lasse mich jetzt fallen. Falle, gleite. Das geschundene Auge beginnt, sich an das dumpfe Licht zu gewöhnen, erkennt langsam Umrisse, staunt. Das Gehirn speichert. Speichert, so gibt mein Bewusstsein zu erkennen, in einer völlig unwirklichen Welt gelandet zu sein. Der Wal hat Jonas völlig geschluckt. Völlig. Was sollte Jona erkennen? Vor einem unliebsamen Auftrag Jahwes ist er geflüchtet, woraufhin er sein Schicksal nach einem Sturm im tosenden Meer bereits besiegelt sah. Bis ihn sein Auftraggeber rettete, indem der Wal ihn verschlang, damit Jona ihn, seinen Herrn, im Bauch des Walfischs erkenne.

Die Eingeweide dieses Gletschers sind mächtiger als jeder Altar, jedes Kunstwerk, von Menschen ausgedacht und erschaffen. Kaum ein anderer Ort strahlt so viel Erhabenheit aus. Der Bauch des Kolosses als Ort des Erkennens.

Schmale Gänge ziehen sich wie Adern durch das Eis, es scheint völlig lebendig zu sein, wunderbare Gebilde, winzig kleine Eisplättchen hängen von oben herab, das wenige Licht, welches noch bis hierher, in das Innere, durchdringen kann, bricht sich in den fantastischsten Farben. Ich stoße mit dem Kopf oben an, wie helle Zimbeln klingen die herabfallenden Eisplättchen. Kaum ein Mensch hat je diese Gewölbe betreten, nächstes Jahr wird es nicht mehr möglich sein, der Gletscher wird dieses Tor verschließen, andere Pforten öffnen. Er lebt wie ein großes Urtier. Sanft, wenn es schläft, wenn es wach wird und sich regt, führt jedoch kein Weg aus seinem Inneren zurück.

Wir wagen uns weiter vor, in den Bauch der Unendlichkeit, so erscheint es mir. Hier gibt es keine Zeit, keine Regeln, alles scheint hier zusammenzuströmen zu einem einzigen Jetzt.

Die Blaue Grotte verdient ihren Namen, nur noch die blaue Komponente bleibt vom Spektrum übrig, wenn das Licht das Eis bis hierher durchdringt. Wir wagen es nicht, laut zu sprechen. Würden wir das Urtier wecken? Nein, es ist die Ehrfurcht, die uns schweigen lässt. Wir alle fühlen wohl dasselbe. Zurück am Eingang zu den Höhlen, liege ich auf dem Bauch, der Kopf ist draußen, der restliche Körper noch in diesem Schlund gefangen, wie neugeboren blicke ich hinaus. Ins Licht, in die Weite, die Seele gefüllt mit Dankbarkeit.

Die Reise geht weiter, niemand spricht, selbst das laute Dröhnen der Raupe erreicht meine Ohren nicht, der Wal hat mich noch nicht ganz ausgespuckt. Ich bin immer noch in einer anderen Wirklichkeit, ahne nicht, dass wir uns nun tatsächlich auf einer Zeitreise befinden. Jeff macht seinen Job gut, immer wieder bohrt er sich durch das Eis, manchmal müssen wir aufgeweichte Stellen umfahren.

Scott und auch Shackleton müssen oft am Strand des gefrorenen Meeres gestanden haben, sich den Kopf zermartert haben, wie es denn nun weitergehen soll. Wir stehen nun genau an dieser Stelle, im Rücken ihre Hütte, fast weiß erscheint sie durch das ausgeblichene Holz. Dieses Haus ist vor fast hundert Jahren an Bord eines Schiffes in Fertigteilen, nach dem Vorbild australischer Farmerhäuser, in die Antarktis gereist: Es sollte ein großes Vordach haben, um dort etwas geschützt arbeiten zu können, bis zur Decke hin frei, um die Luft zirkulieren zu lassen. Das Prinzip dieser Bauweise erwies sich jedoch als gänzlich ungeeignet für diese Regionen. Die warme Luft sammelte sich unter dem Giebel, am Boden froren die Männer.

Ein Schauder überkommt mich: Am Boden vor der Hütte liegt ein an einen Pflock angekettetes Skelett eines Schlittenhundes, an der Kette erfroren. Daneben im erstarrten Schotter eine Filmrolle, halb aufgerollt. Es erscheint mir fast unglaublich, dass die Menschen, die hierherkommen, so viel Respekt haben, dass diese Filmrolle noch nicht in die Tasche eines Besuchers gewandert ist.

Erst als ich den Vorraum der Hütte betrete, verstehe ich. Ich stehe an einer langen Tafel, die Sessel sind aufgereiht, am Kopf der Tafel ein einzelner Stuhl: Scotts Stuhl. An der Wand hängen emaillierte Tassen an den Haken. Es ist, als ob mir eine unsichtbare Kraft den Auftrag erteilte, komm, setz dich, warte. Die Männer werden bald zurück sein. Sie werden durch die Tür eintreten, sich den Eispanzer von den Jacken schütteln, einer wird Schnee schmelzen, um für alle Tee zu kochen, um die klammen Finger wieder aufzuwärmen. Langsam wird Wasser aus den eisverkrusteten, zerzausten Bärten auf den starren Boden tropfen. Scott wird sich seine Pfeife anzünden, sich seinen Aufzeichnungen widmen. Sein Weggefährte Wilson schreibt einen Brief in die wartende Welt, welcher nie mehr ankommen wird, der erfahrene Polarforscher Bowers näht an seinem Schlafsack aus Rentierfell.

Ich sitze. Allein. Es kommt niemand. Niemand nimmt eine Kerze aus dem Stapel, der an der Wand lehnt, und zündet sie an. Niemand holt sich eine Portion Tabak aus der Blechdose auf dem Regal. Niemand wird die halb begonnene Mahlzeit auf der Feuerstelle fertig essen. Der Kampf ist längst vorüber. Wer den Pol damals nicht erreicht hat, hat die Ehre verloren, wer ihn gesehen hat, sein Leben.

Wie viel ist der Mensch bereit, zu riskieren? Vor allem: Wofür? Unterscheidet sich die Risikobereitschaft der Menschen von heute von jener der Pioniere?

Scotts Männer haben viel riskiert: ihr Leben, ihre Familie, ihre Ideale, vor allem ihre seelische Gesundheit. Haben sie gewusst, auf was sie sich eingelassen haben? Die Suche nach einem geeigneten Expeditionsteam ist ungeschminkt vonstattengegangen. Shackleton hat jedem, der die Strapazen überleben würde, Ruhm und Ehre versprochen, ohne zu verschweigen, dass eine Rückkehr ungewiss sei. Ich sehe die Anzeige in einem Replikat einer alten britischen Tageszeitung vor mir: „Männer gesucht für gefährliche Reise. Geringer Lohn, bittere Kälte, lange Monate komplette Dunkelheit, ständige Gefahr, sichere Rückkehr ungewiss. Ruhm und Ehre bei Gelingen."

Würde ich so viel Versessenheit besitzen, mich in dieses Team einzuschreiben? Was bietet diese Expedition als Gegenwert dafür, womöglich alles einsetzen zu müssen? Ich kann es nicht beantworten. Es gibt heute kaum noch Unternehmungen ohne Netz und doppelten Boden, selbst vermeintliche Abenteuerreisen werden zu künstlichen Inszenierungen, um den Menschen den Anschein eines Loches im Netz zu geben.

Es scheint, als ob ich ein Leben hier verbracht hätte, dabei sind es nur drei Monate. Ich muss vor Weihnachten wieder nach Hause zurück. Wir feiern meine Abschiedsparty, sitzen auf dem dicken Teppichboden unseres Zimmers in der warmen McTown, da geht die Türe auf, ein wirrer Haarschopf schaut herein, es ist Jirji, der russische Tischler, ich hatte ihn während der ganzen Zeit seit unserem Überlebenstraining nicht mehr gesehen.

Er hält den Türgriff noch in der Hand, sucht nach mir, ich gehe ihm entgegen und er gibt mir ein kleines Päckchen in die Hand. Bin überrascht, versuche, ihn zum Bleiben zu überreden, wir sitzen hier und trinken Bier, lachen, reden über unsere Zeit hier, er verabschiedet sich nur kurz, die Tür geht wieder zu. Stehe mitten im Raum mit seinem Päckchen, öffne es, es ist eine kleine Plexiglasscheibe mit den Umrissen des antarktischen Kontinents. Jirji hat aus Plexiglas die Antarktis herausgezaubert.

Spüre plötzlich ein ganz tiefes Loch, habe das Gefühl, viel versäumt zu haben mit diesem Menschen, verabscheue mich, ihn wegen seines Verhaltens Richard gegenüber so verurteilt zu haben. Die kleine Antarktis hängt seitdem an Fenstern und Wänden meiner Stationen im Leben. Sie wandert immer mit. Das Erleben dieser Biwaknacht, in ganz dicken Lettern hat es die Erinnerung aufgezeichnet, und die Dankbarkeit über den Versuch, jemanden Fremden zu wärmen, wiegt so schwer wie das Unverständnis dafür, einem anderen den Zutritt zu einer sicheren Unterkunft wie unserem Iglu zu verwehren.

Die Abschiedsfeier ist bestimmt von ambivalenten Gefühlen. Einerseits denke ich mir, nichts wie weg, wie schön wäre es, einen früheren Flug zu bekommen, gleichzeitig finde ich den Gedanken furchtbar. Schreibe nach Hause, vielleicht bekomme ich einen früheren Flug als geplant, sobald das Wetter es zulässt, bin ich draußen …, ich melde mich wieder von Neuseeland aus, wenn ich wieder in einem Bett schlafen werde, das erste Mal wieder meine nackte Haut spüren kann. Gleichzeitig das Unausgesprochene: habe unsagbare Angst davor, hier weg zu müssen, hier ausgespuckt zu werden, keine Chance auf Wiederkehr zu haben. Das wäre das Schlimmste. Genauso schlimm wie ein Verschieben des Fluges nach hinten.

Wenn mich die Herkules mit ihrer Mickey-Maus-Nase einfängt, dann ist alles vorbei, hinter mir das Eis, vor mir das Grün Neuseelands, wahrscheinlich etwas weiter fortgeschritten als vor drei Monaten, hinter mir die Freundschaften, die sich im Sand verlaufen werden, vor mir dieselben Geschichten wie vorher, die nun wie Banalitäten erscheinen. Das Nicht- erklären-Können, warum bist du hier und doch noch nicht angekommen, nicht hier bei mir? Erinnere mich an das Nach-Hause-Kommen meines Bruders, der fast ein halbes Jahr in Kreta auf einer Berghütte gearbeitet hat. Er ist erst Monate nach seiner Rückkehr wirklich heimgekommen, erst dann gelingt es wohl, das Gewohnte wieder aufzunehmen. Habe Angst vor diesem Gefühl. Angst vor dem wahren Sturm, daheim in Innsbruck, vor der Frage am Gang des Instituts, wie war's? Danke, war toll. Oder: Nein, eigentlich nie wieder. Nie wieder werde ich mich dem aussetzen, nie wieder werde ich verzweifeln, weil ich glaube, etwas körperlich nicht mehr zu bewältigen, und eigentlich brachte es doch die größte Erkenntnis auf allen Linien. Erkenne plötzlich ganz erschreckt, es ist auch viel Flucht dabei. Die Flucht ins Eis. Kann man das jemals jemandem erklären? Warum nimmt man sich diese Auszeit?

Es ist die pure Lust an veränderten Strukturen, Reduktion, das Sich-Aussetzen an Umstände, die man in normalen Bahnen niemals haben wird, niemals spüren wird; Alltagsempfindungen aussperren zu können: für mehr als drei Monate keine Streitigkeiten über Dinge, die es hier gar nicht gibt. Und: Aller Denkspeck fällt hier plötzlich weg.

Immer gelebt, nie hinterfragt, hier so fremd wie ein Spatz auf einer Eisscholle.

Blue Ice

GESTRANDETES EIS

San Diego, Sommer 2001, in einem zu kalt klimatisierten Vortragssaal einer Konferenz zu Leben in Extremen. Vor dem Fenster sehe ich Palmen, gelangweilt blicke ich hinaus. Im Halbdunkel spricht jemand mit schwarz-weiß gehaltenen Grafiken über seine Forschung. Neben mir ein gutgekleideter Mittvierziger, kein Wissenschaftler, denke ich instinktiv, ohne dem Referenten auf dem Podium zuzuhören. Noch einen Sitz weiter wird ein Notizbuch aufgeblättert, auf dem Deckel ist ein Sticker mit einem antarktischen Thema zu sehen. Magnetisch davon angezogen schaue ich hin, beuge mich zu dem übernächsten Stuhl, blicke einem Vollbart mit Brille in die Augen.

„Arbeiten Sie in der Antarktis?“, frage ich ihn leise, aber direkt. Da ist es wieder, dieses Glänzen in den Augen. Sieben Mal schon war Paul Sipiera auf dem Kontinent, jedoch immer in einer anderen Ecke. Ein Veteran fast. Nach meinem eigenen Vortrag treffe ich ihn an seinem Poster wieder, das er auf diesem Kongress präsentiert: Es geht um Meteoriten in der Antarktis. Irgendwie scheint die Wellenlänge zwischen uns zu stimmen.

„Wie wäre es mit einem Burger und einem Bier?“, fragt er mich, nachdem auch er spürt, dass wir auf gleicher Höhe schwimmen. Aus dem Burger wird eine handfeste Einladung zur nächsten Antarktisexpedition.

„Wir werden Meteoriten sammeln“, sagt er, „einer soll sich mit der Biologie im Eis beschäftigen. Ich suche dringend einen Mikrobiologen.“ Meine Wangen werden heiß, ob vom Alkohol oder der Erregung über die Vorstellung, wieder eine Chance zu bekommen.

„Ich würde dir nicht verübeln, wenn du mir nicht glaubst, aber wenn du willst, bist du in einem halben Jahr wieder in der Antarktis." Es klingt nach einem Versprechen für den goldenen Schlüssel, den man niemals in die Hände bekommt. Ich glaube ihm.

Paul Sipiera, der Präsident der *Planetary Studies Foundation*, einer privaten wissenschaftlichen Organisation in den USA, organisiert bereits seine dritte eigene Expedition in die Antarktis. Touristen können sich diese Abenteuer buchen, Prominente werden mitgenommen, so wie beim ersten Mal, als der Astronaut Jim Lovell, Kommandant der Apollo 13, Mitglied der Crew war. Auch diese Mannschaft erlebte einen Bumerang-Flug – aufgrund des schlechten Wetters musste das Flugzeug kurz vor der Landung umdrehen. Jim Lovell hat wohl eine schlechte Aura, 1969 konnte er sich seinen Traum vom Mondspaziergang ebenfalls nicht erfüllen, er hatte die Wahl zwischen der Erde oder einem Spaziergang ohne Wiederkehr. Noch heute lacht er über diesen absurden Zufall, wieder nicht auf Anhieb am geplanten Ziel angekommen zu sein.

Sipiera plant im Jänner mit einem privaten Reiseveranstalter, *Adventure Networks International*, über Punta Arenas, Chile, nach Patriot Hills, zum einzigen privaten Camp auf dem gesamten Kontinent zu reisen. Von dort aus sollen im Umkreis von etwa 800 Kilometern Meteoriten gesucht und Eiskerne gezogen werden. Das Team hat allerdings so gut wie keine Polar-Erfahrung. Paul Sipiera als Geologe und Astronom und ich sind die einzigen Wissenschaftler. Jim Pritzker, der Hauptfinanzier, ist jedoch schon das zweite

Mal dabei. Ein General im Ruhestand und ein wandelndes Lexikon mit jeder Jahreszahl im Kopf, gerade was Militärhistorie angeht. Des Weiteren Richard Garriott, der Sohn von Owen Garriott, einem Skylab-Astronauten, sowie seine Partnerin Kelly, die ihn auf allen seinen Reisen begleitet, außerdem Elvira Butz, gebürtige Schweizerin, bereits über sechzig Jahre alt und schon seit langem in den USA. Sie hat uns in langen Abenden mit ihren Erzählungen über ihre Reisen nach Papua-Neuguinea immer wieder mit ihrer Zähigkeit verblüfft. Ihr Enthusiasmus entspricht dem einer Zwanzigjährigen. Ihr Reisepartner, der Fotograf Charly Duffy aus Buffalo, New York, ist ebenfalls ein Neuling, was die Antarktis betrifft. Doch der trockene Wortwitz des rothaarigen Mannes mit irischer Abstammung sollte noch so manche Stimmung retten. Dave Butts, Pauls Nachbar in Chicago, ist an Extremsituationen gewöhnt, schon allein durch die Army. Emotionslos bringt er die Dinge auf den Punkt. Eric aus dem sonnigen Kalifornien, ein Anhänger der Mars-Forschung, wurde bereits in jungen Jahren mit einem überaus erfolgreichen Computerspiel finanziell unabhängig. Dann ist da noch Art, ein Original aus Alaska: Er jagt und näht sich seine Kleidung selbst. Seine Jacke ist übersät mit Aufnähern von unzähligen Polarexpeditionen, an den Füßen trägt er die weichen Stiefel der Inuit, sogenannte Mukluks. Er wird sich als ruhender Pol in allen Lebenslagen erweisen. Art kennt die Sprache des Windes, spricht den Dialekt des Eises, liest die Eisoberfläche wie eine aufgeschlagene Zeitung. Denise und Roger, unsere beiden Anker, sind kompetente Bergführer. Roger, ein Brite mit dem klassischen Monty-Python-Humor, sozial äußerst geschickt, sieht die Antarktis nie als Gegner an. Denise wuchs im Norden Kanadas auf, sie ist eine unglaublich willensstarke Frau. Bei ihr gibt es kein „Vielleicht", immer nur ja oder nein. Klare Entscheidungen sollten für unseren Haufen wichtig sein. Das Team, bunt wie ein Kaleidoskop, steht kurz vor dem Abflug in Südamerika.

DAS WEISSE NICHTS

Die Messerchen der Kälte treten durch jeden Zentimeter Fleisch. Mit schweren Stiefeln poltere ich über die steile Metallstiege der russischen Maschine, trete auf das zerfurchte Eis. Warum habe ich das Gefühl, wieder daheim zu sein? Zum Atmen plötzlich so viel Luft in meiner Seele.

Einen Moment lang empfinde ich so etwas wie Verrat an meiner wirklichen Heimat, doch der Gedanke ertrinkt sogleich in der unwirklichen Helligkeit der Nacht. Alles, was nicht zu meinem normalen Dasein in einem mir zu schnellen Leben gehört, scheint jetzt unglaublich mächtig zu werden. So mächtig, dass ich widerstandslos Tränen den Weg freigebe, mich nicht schäme vor den anderen, den neugierigen Augen, die sich, genau wie ich, nun langsam an das unwirkliche Licht gewöhnen. Es kann nicht falsch sein, sie bleiben Tränen und gefrieren nicht auf meinem Gesicht. Es ist die Freude, die Demut, wieder auf diesem Kontinent stehen zu dürfen. Ich habe meinen Pol erreicht.

Ich setze mich auf das Eis, mitten in das Weiß, das manche Menschen als das Nichts bezeichnen. Dieses Nichts ist der Nabel, um den sich während unseres Aufenthalts alles dreht. Dieses Nichts bestimmt, wie wir wieder zurückkehren, was wir als die richtige Welt beschreiben werden. Das weiße Nichts wird bestimmen, wie sich die verschiedenen Farben unserer Gruppe mischen werden. Oder auch nicht.

Plötzlich – wie in der bewegten Welt – beginnt alles zu rollen und sich zu verändern, die Passagiere strömen auf ihr neues Zuhause zu. Wohin die Dame? Einmal ins Weiß, bitte. Wenn's geht, auch wieder zurück.

Das Gepäck wird verladen. Was empfinden die Menschen hier als unverzichtbar? 23 Kilogramm waren uns erlaubt. 23 Kilogramm an Wärme, Heimweh, Abenteuer, Glücksbringern, Bildern, leerem Celluloid, welches nach mehreren Wochen belichtet sein und stolz in warmen Wohnzimmern gezeigt werden wird. Ich greife gedankenverloren in die Innenseite meiner Daunenjacke, nach Vaters Mundharmonika. Ich kann sie nicht spielen, trotzdem muss sie bei mir sein. Gleich wie das kleine, leere blaue Buch meiner Mutter mit dem winzig kleinen Lamettafaden von unserem Christbaum zuhause.

Wie eine bunte Ameisenstraße zieht die vermummte Gesellschaft durch die weiße Landschaft hin zu den bunten Zelten. Farben, die das Auge trösten.

Patriot Hills, ein kleines Zeltdorf, ist das einzige private Camp der Antarktis. Zentrum ist ein gut isoliertes Tunnelzelt mit Holzplattenboden, der nach einer Sommersaison dem langsamen Fluss des Eises nachgibt und sich innerhalb des Zeltes aufwirft. Dieses Tunnelzelt ist Informationszentrum, Kantine und gesellschaftlicher Treffpunkt zugleich. Patriot Hills unterscheidet sich grundlegend von Forschungsstationen: Es gibt hier schlichtweg keine Forscher. Bergsteiger, Abenteurer oder einfach nur Südpoljäger sind hier zu Gast. Das Camp ist ein Bahnhof. Von hier aus geht es zum Mount Vinson, dem höchsten Berg des Kontinentes, per Flugzeug zum Südpol, hier starten die Rundflüge um das Bergmassiv. Kommt die russische Ilyushin aus dem Norden, wechseln hier die Gesichter, bleibt das Wetter schlecht, verändern sie nur ihren Ausdruck: Dann verzerrt der Stress, den Zeitplan nicht mehr einhalten zu können, das Ziel, für das unsägliche Summen bezahlt wurden, davonschwimmen zu sehen, die Mienen. Es werden uns Unterkünfte zugeteilt, sogenannte *clamshells*, die bunten Zelte sind bereits aufgebaut, es gibt sogar Adressen. Das Zelt, das ich mir mit Elvira teile, ist mit „Amundsen" beschildert. Viele der anderen Gruppen, welche hier mit ganz verschiedenen Zielen ankommen, müssen sich ihre Zelte selbst aufbauen und mit einer Schneemauer gegen den Wind schützen. In der Mitte dieser bunten Flecke steht im gepressten Schnee eine Öltonne mit einem großen Trichter in der Öffnung: die Herrentoilette. Auch hier wird jeglicher menschliche Abfall wieder eingesammelt, zurückgeflogen. Etwas weiter entfernt das einzige blaue Zelt. Eine schwarze Flagge auf einem Bambusstab steckt vor dem Eingang. Steckt sie umgedreht im Schnee, dann ist die Toilette, ein großer Müllsack mit Klobrille, besetzt. Die einzige Waschgelegenheit besteht aus einem rot markierten Zelt, in welchem sich eine kleine Schüssel befindet. Wasser, das heißt geschmolzenen Schnee, muss man sich aus dem Küchenzelt mit der Thermoskanne organisieren. Man wird sich hier selten ausziehen und waschen. Wäsche wechseln, Haare waschen, all das wird aus dem täglichen Ritual sofort gestrichen. Aber zumindest gibt das rote Zelt hier etwas Intimität.

Am Fuße der Bergkette sieht man in der Sonne das Ruder der Ilyushin glänzen, welche nach dem Auftanken Menschen zurück nach Punta Arenas bringen wird, nachdem ihr Abenteuer hier abgehakt ist. Wenn die Maschine weg ist, ist die letzte Verbindung in die Zivilisation verschwunden. Manche hier warten schon sehr lange auf ihren Rückflug. Der Mount Vinson ist bestiegen, der Südpol fotogra-

Vor über 100 Jahren stand Scott auf dem Observation Hill, um nach einer geeigneten Route zum Südpol Ausschau zu halten.

Der McMurdo Sound ist eine wichtige Route zur Versorgung der McMurdo Station (US) und der neuseeländischen Scott Base.

Bereits kleinste Temperaturschwankungen verursachen feine Risse im Eis der Süßwasserseen.

Bizarre Eisstrukturen, entstanden durch kleine Staubpartikel, die sich durch die Sonnenenergie ihren Weg durch das Eis bahnen.

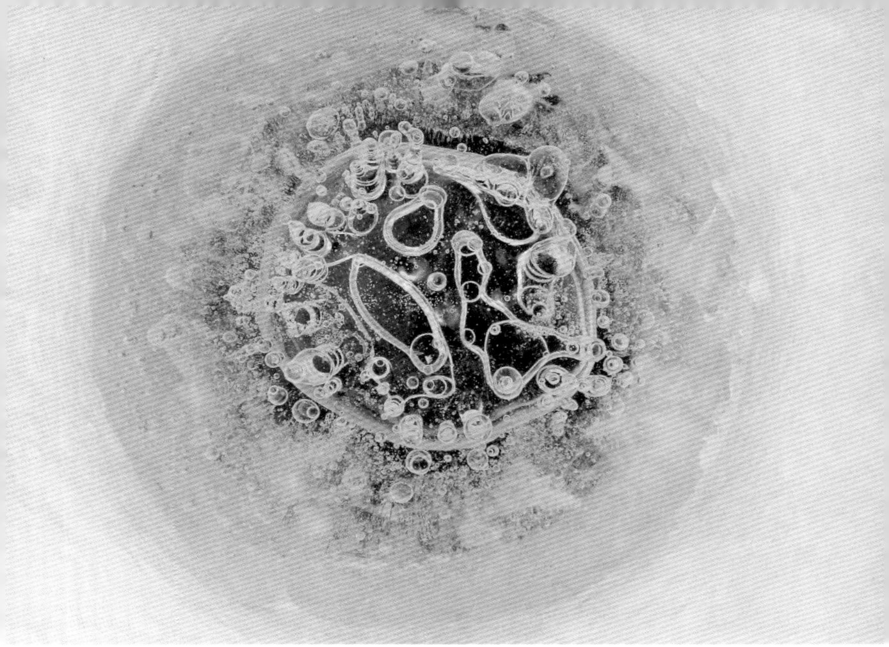

Schon nach kürzester Zeit ist unser Trinkwasserloch, das wir in das Eis eines Sees gebohrt haben, wieder zugefroren.

Das Eis muss eingeschlossene Luft durch Druck wieder loswerden, so entstehen diese floralen Blasenstrukturen.

Ohne Schneewände als Windschutz würden die Zelte innerhalb weniger Stunden vom Triebschnee erdrückt werden. (Foto: Eric Tilenius)

Eine Tafel erinnert an die unterschiedlichen Erfahrungen, die Scott und Amundsen am Südpol machen mussten.

fiert, die Postkarten geschrieben, sie müssen jetzt nur noch in Punta Arenas aufgegeben werden.

Das Wetter ist hier weitaus unberechenbarer, als ich es bisher in den Dry Valleys kennengelernt habe, eine dicke Walze rollt über die Gipfel, eine dunkelgraue Schaumrolle, wie zum Hohn. Es wird länger keinen Flug geben, nirgendwohin.

Patriot Hills erscheint wie ein überbuchtes Hotel. Der Unmut staut sich an, ähnlich den aufgehängten Daunenjacken im Zwischenraum vor dem Esszelt. Der Duft des heißen Essens versöhnt jedoch, die Menschen werden still, wenn sie die dicke Suppe schöpfen, man hört nur die Löffel in den Plastikschüsseln klappern. Es gibt frisches Brot mit knuspriger Rinde, selbst gebacken in dieser Einöde. Das Brot macht milde, lässt die Männer ihre länger werdenden Bärte vergessen.

Das Funktionieren von Patriot Hills basiert zu großem Teil auf der freiwilligen Mitarbeit der „Gäste". So gehen wir nach dem Essen vor zu dem großen Waschzuber, in welchem das Geschirr mit geschmolzenem Schnee gewaschen wird. Eine markierte Stelle unweit des Küchenzelts soll jenen Bereich schützen, aus welchem sauberer Schnee für das Trink- und Kochwasser entnommen wird.

Während der eintönigen Arbeit erfährt man viel: Welche Gruppe den Gipfel des Mount Vinson erreicht hat, wer bald heimfliegen würde, wenn er könnte, welche Berühmtheiten hier schon gesessen sind. Die Teller sind unzählig, das Wasser wird immer schmieriger, doch es muss gespart werden, nicht an Wasser, sondern an Schmutzwasser, welches hier *grey water* genannt wird. Nach jedem Abwasch dasselbe Ritual: Der Stationsmanager kommt herein, er hat versucht, über Funk einen Wetterbericht zu bekommen, welcher einen groben Plan erlaubt. Es sieht weiterhin so aus wie schon die letzten Tage, das Wetter bleibt unberechenbar, die Ilyushin wird an der Bergkette auf der Eispiste sitzen bleiben, niemand kommt raus. Er berichtet davon fast schon entschuldigend, ein Raunen geht durch die Reihen der knapp sechzig Menschen, die hier warten. Ein weiterer Tag vergeht mit Essen, Lesen, sonst nichts. Diese Prognose bedeutet auch für unsere Gruppe kein Weiterkommen. Wir sitzen ebenso fest wie alle anderen.

In Pauls Zelt gibt es täglich abends ein Treffen unserer Gruppe, es wird besprochen, wie sich unser Zeitplan ändert. Mit jedem Tag schmilzt die Hoffnung, noch etwas Großes zu erleben. Nach einigen Tagen spielt Paul mit dem Gedanken, den Südpol zu streichen und stattdessen, sobald es das Wetter zulässt, gleich zu den Regionen zu fliegen, wo wir Meteoriten suchen und Eiskerne bohren wollen. Der Großteil der Gruppe ist schwer entrüstet: Sie hätten dafür bezahlt, den Südpol betreten zu können. Paul ist im Dilemma, hadert mit dem ganzen Unternehmen.

Das nächste Problem ist, dass wir zu viel Gewicht haben für die kleine DC-3, wenn wir all unser Gepäck mitnehmen. Wir müssen unser Gepäck so drastisch wie möglich reduzieren. Alles Unnötige wird in eine Reservetasche gepackt oder in Plastiksäcke: Bücher, Toilettenartikel, die hier ohnehin nie verwendet werden können, ebenso Zusatzwäsche, es kommt einiges an Gewicht zusammen. Der Stationsmanager zeigt uns, wo wir unsere Sachen zwischenlagern können. Neben einer Bambusstange schaufelt er eine kleine Falltür aus Holz frei. Darunter verbergen sich ein Hangar für ein kleines Flugzeug und ein Lagerraum für Lebensmittel. Sie hätten hier in Patriot Hills genug Vorräte für etwa ein Jahr, meint er im Vorbeigehen. Schwaches Kerzenlicht weist uns den Weg durch dieses Labyrinth. Aufgestapelte Konservenbüchsen, Toilettenpapier, Müllsäcke, Schi, Stöcke, Bambusstöcke für Markierungen, Zelte, Schlafsäcke: die komplette Ausrüstung vergraben unterm Eis.

Wir haben abgespeckt, doch wir sind immer noch viel zu schwer. Der Plan reift: Art und Max, der Pilot hier auf Patriot Hills, sollen unser Gepäck, die gesamte Expeditionsausrüstung, meinen Eisbohrer, unsere Zelte, direkt vor Ort bringen, wir werden mit einer Notausrüstung und maximal einem persönlichen Gepäckstück nachkommen, jedoch erst nach dem Flug zum Südpol. Art wird die Gegend auskundschaften, noch weiß niemand, wo wir wirklich unser Lager aufstellen werden, wir wissen nur, bisher hat es in dieser Region noch kein Camp gegeben. Beklommenheit macht sich breit. Wird der Plan aufgehen? Bekommt man alles, wofür man bezahlt hat?

Es beunruhigt mich, die Bohrausrüstung irgendwo im Nichts abzusetzen, ohne meinen Eisbohrer bin ich wertlos auf dieser Expedition. Doch der Plan ist besiegelt, Art tröstet mich, er weiß um mein Nahverhältnis zu dem Koffer, der für meine Arbeit so wertvoll ist.

„Ich kann es dir nicht versprechen, dass du ihn wiederbekommst, ich kann dir nur versprechen, dass ich mich darum bemühen werde." Dieses Wort von Art genügte mir, trotzdem werde ich so wenig persönliche Dinge wie möglich in die Tasche packen, die von Art und Max ausgesetzt werden wird. Kann mich an diesem verlassenen Ort so schwer von manchen Dingen trennen.

Eines Abends, wir sitzen nun schon mehrere Tage fest, an welchen nur gegessen und diskutiert wird, erwägt der Stationsleiter die Möglichkeit für einen Flug von Art und Max. Das Wetter sei nicht einwandfrei, zu riskant, um Touristen mitzunehmen, doch für Art und Max, die beiden erfahrenen Piloten, sollte das Risiko abzuschätzen sein. Wir verabschieden uns von den beiden, sie wirken angespannt. Das Flugzeug ist schon geraume Weile beladen, eine lange Kolonne stapft zum Eingang, jeder will dabei sein. Der Schnee hat sich die Maschine jedoch schon halb gekapert. Die Schier, auf welchen die DC-3 starten soll, sind tief im mittlerweile hartgepressten Triebschnee versunken. Mit kleinen Schaufeln versuchen wir, sie aus den kalten Klauen zu befreien, die Mechaniker beheizen inzwischen mit Generatoren von außen die Propeller. Im Flugzeug wurde eine Reihe Sitze entfernt, stattdessen stehen dort jetzt zwei Schneemobile, dazwischen lagern lange Bambusstangen mit Fähnchen oben drauf, unsere Ausrüstung quillt in den Innenraum. Max sitzt bereits im Cockpit, bedeutet uns, dass wir uns nun vom Flugzeug entfernen sollen, er startet die Maschine, wir sehen noch den erhobenen Daumen von Art, bald sehen wir nichts mehr, Schneestaub wirbelt auf, wir halten uns die Hände vor das Gesicht, hören das laute Brummen des alten Flugzeuges. Als wir es wagen, die Augen wieder zu öffnen, holpert es schon mit einer beträchtlichen Beschleunigung über das unebene Eis, hebt endlich ab, entfernt sich.

Sie sind weg. Wortlos stapfen wir wieder zurück in Pauls Zelt. Erst wenn die beiden wieder zurück sind, können wir sehen, welches Ziel Priorität hat, es soll abgestimmt werden. Südpol oder Meteoritenfeld.

Ich verzichte auf den Pol, habe keinen Bezug dazu, werde jedoch eindeutig überstimmt. Es erscheint mir absurd, zum Südpol zu fliegen, ihn einfach abzuhaken, wir wären doch allesamt nicht in der Lage, diesen Punkt aus eigener Kraft zu erreichen.

Roger, unser britischer Guide, spürt langsam die Unruhe, spürt, wie inhomogen wir werden, durch verschiedene Interessen getrieben, das Gleichgewicht droht zu kippen, Solidarität scheint ein einziger Eisklotz zu sein. Er organisiert Schneemobile, um uns bei Laune zu halten. Es gebe in der Umgebung ein Eisfeld, vielleicht könnten wir sogar schon hier Meteoriten finden. Der Fahrtwind auf einem Schneemobil ist heimtückisch, er beißt sich durch den Gesichtsschutz, lässt die Gesichtszüge erlahmen, jedes Grinsen fast erstarren. Trotzdem, die Vorfreude auf die Abwechslung hebt die Stimmung bei allen.

Das Eisfeld, auf dem wir stehen bleiben, erscheint wie ein gefrorenes Meer mit kräuselnden Wellen, unzählige dunkle, kleine Steinchen liegen darauf, durch den Wind und die Verwitterung dem Bergmassiv abgerungen. Die Weite endlos, das Meer ohne Horizont. Der Unfrieden legt sich, wie bei quengelnden Kindern, die man mit einem Spielzeug beruhigt.

Der Wind nimmt zu, auf dem eisigen Boden werden Steinchen davongetragen. Sogar wir haben Schwierigkeiten, uns auf dem Eis zu halten. Niemand hat Steigeisen. Zögernd und tapsig spazieren wir über das Eis auf eine sanfte Steigung hin, eine steinige Gletschermoräne. Das Licht ist fast schon gleißend, wie beim Griechenlandurlaub, man schaut hinaus auf das Meer, das Licht reflektiert, blendet das Auge. Der Blick findet keinen Halt, torkelt ohne Fixpunkt umher, keine Möglichkeit, eine Entfernung abzuschätzen, kein Haus, kein Baum, kein Weg gibt dem Auge eine Relation. Man könnte sich verirren und niemals wissen, wann man am Horizont ankommen wird. Hinter der Moräne plötzlich anderes Eis, eingekesselt zwischen einigen schneefreien Felsen. Wie ein See, denke ich und habe plötzlich das Gefühl, in den Dry Valleys zu sein. Ein See, darunter muss es Wasser geben! Ich werde nervös, hier gibt es Leben, ist der erste Gedanke.

Das Eis ist nicht so holprig, nicht so verwittert, wie es auf dem freien Eisfeld der Fall ist. Ich stehe auf dieser glatten Glasplatte, lege mich auf den Bauch, versuche, durch das Eis zu blicken. Wunderbare Eisgebilde starren mich an, bizarre Muster, wie feinste Spitzen oder filigrane Tuschzeichnungen auf dünnem Papier. Temperaturänderungen lassen den Eispanzer in feinen Haarrissen zerspringen, was einen peitschenartigen Knall ergibt. Gespenstisch. Geräusche sind hier selten, außer dem Pfeifen des Windes. Wenn man nicht hören will. Diese filigranen Risse werden durch den Triebschnee wieder aufgefüllt, dadurch erscheinen sie wie feine weiße Zeichnungen auf dem blauen Eis. Obwohl Kunst hier völlig überflüssig ist, erscheint mir das eisige Siegel dieses Sees in diesem Moment wie ein einziges Kunstwerk.

Es gibt keinen Namen für diesen See, keine Karte, in welcher er eingezeichnet ist. Ein weißer Fleck, obwohl die Betreiber des Camps in Patriot Hill diesen Ort kennen. „Wenn es darunter Wasser gibt, dann wird er einen Namen bekommen“, sage ich zu Paul. Er würde es als Krönung betrachten, wenn er nach seiner kleinen Tochter Paula benannt werden könnte. Sie ist doch schon so eifersüchtig, da ihre ältere Schwester als zweiten Namen *Antarctica* in ihrem Taufschein stehen hat.

Ich bedränge Paul, mir die Möglichkeit zu geben, von diesem Eis Proben zu bekommen; denke wieder an meine Bohrausrüstung, mehrere hundert Kilometer weit entfernt ist sie, irgendwo im Nichts. Paul verspricht, wenn es irgendeine Möglichkeit gibt, dann werden wir hierher zurückkehren, dann wird der See Lake Paula heißen. Das Gefühl, etwas entdecken, ja benennen zu können, gibt neue Motivation. Die Gruppe erhält wieder Substanz. Die anderen helfen mir beim Einsammeln von Proben, an vereinzelten Stellen findet man sogar flüssiges Wasser, welches über dunkles Gestein unter den Eisplatten entlang in den See hinunterschleicht. Diese Rinnsale scheinen der einzige Zufluss in dieses permanent zugefrorene Gewässer zu sein, die einzige Möglichkeit für frischen Sauerstoff.

Mehrere Lichtjahre danach, so scheint es, sitze ich im geheizten Labor in Innsbruck. Es gibt tatsächlich Leben in diesem Wasser, welches die lange Reise über den Äquator mit mir gemacht, die vielen Zollkontrollen unbeschadet überstanden hat, ohne dass die Proben hatten geöffnet werden müssen. Die große Expeditionskiste, vollgefüllt mit Proben, Eiskernen, eingefrorenen greisen Zellen, fand bei jedem Zollbeamten Verständnis, was heute noch schier unglaublich ist. Ein Öffnen der Kiste würde ein Ansteigen der Temperatur bedeuten, was den Kernen nicht zuträglich wäre. In Miami mussten wir bei der Durchreise, aus Santiago de Chile kommend, zwar unsere Schuhe ausziehen und unsere Kugelschreiber zerlegen lassen, doch die Kiste wurde immer weiter gewunken, wahrscheinlich half auch ein kleiner Sticker der NASA auf der Kiste, Vertrauen zu schaffen. Der Aluminiumbox mit den wertvollen Kernen galt während der ganzen Reise meine größte Sorge. In Punta Arenas gab es kein Trockeneis, und sie musste doch auf jedem Flughafen zwischengekühlt werden, schlussendlich sogar im Flughafenrestaurant in Innsbruck. Tatsächlich sind alle Proben Zeugen von Leben.

Unter diesem gefrorenen Deckel müssen mikroskopisch kleine Zellen vorhanden sein, welche ihren Stoffwechsel wieder anwerfen können, sobald sie über flüssiges Wasser verfügen können, und sei es auch nur ein Mikrofilm an Wasser um die Zellmembran. Fallen die Temperaturen unter den Gefrierpunkt, wird der Organismus in ein Ruhestadium verwandelt, diese Verwandlung von schlafend zu lebendig wird wiederholt, wieder und wieder. Sie können Jahrtausende überleben in diesem Rhythmus, ungeklärt ist bisher nur, welche Schäden die Erbsubstanz dabei erleidet beziehungsweise inwieweit sie imstande ist, sich selbst zu reparieren, wie es auch bei bestimmten Strahlenschäden der Fall ist. Diese speziellen Zellen haben ein ungeheures Potenzial für die Biotechnologie, denn die Eiweiße, die diese Zellen überleben lassen, ohne Schaden zu erleiden in diesem gefriertruhenähnlichen Zustand, werden in der Medizin bereits eingesetzt. Doch noch lange sind nicht alle Fähigkeiten dieser Organismen ausgenützt, kennt man doch bisher nur einen Bruchteil davon.

Wie elektrisiert setze ich mich wieder auf den angekoppelten Schlitten am Schneemobil, welches von Roger gefahren wird, verstecke mein Gesicht hinter der Gesichtsmaske, doch die Kälte scheint mir jetzt weniger feindlich, ich habe wieder eine Aufgabe, wünsche mir, dass diese Möglichkeit, den See anzubohren und eine Probe zu entnehmen, greifbar wird. Ich bin mir sicher, dass sich darunter ein Wasserkörper befindet. Während der Fahrt denke ich an all die anderen Seen, die unter kilometerdicken Eispanzern versteckt liegen. Immer wieder wird diskutiert, diese Seen anzubohren, ihnen durch ein Bohrloch ihr Geheimnis zu entreißen, es ist der Traum, Leben zu finden, welches ganz anders ist als alles bisher Gekannte auf der Erde. Der Berühmteste der bisher über dreihundert entdeckten Seen dieser Art ist der Lake Vostok. Sogar aus dem Weltall ist er zu bemerken, er gehört zu den zehn größten Seen der Erde, und die Sonne spielt für sein Überleben keine Rolle. Unter vier Kilometern Eis begraben findet man in seiner dicken Eisdecke Mikroben, die sich nach dem Auftauen wieder zu Leben erwecken lassen. Wundersames Leben. Nur wenige Lebensformen sind dazu fähig. Mit jedem weiteren Stück Bohrkern in die Tiefe wünscht man sich, neue Formen zu entdecken, um ihnen wieder neue Namen geben zu können. Wünscht sich, einen weißen Fleck auf der Landkarte der Wissenschaft zu finden. Konnten sich die Lebewesen im dunklen Gewässer fortpflanzen? Wovon leben sie? Wie kommen sie zu ihrem Sauerstoff? Gibt es am Grund dieser Seen dieselbe Evolution wie an der Erdoberfläche?

Still ruht der See.

Sollen wir die Eisdecke unversehrt lassen, solange wir nicht wissen, wie wir ohne Kontamination dieses Bohrloch machen können? Oder sollen wir dem Drang nachgeben, unverfroren, rücksichtslos, im Dienste der Wissenschaft, im Dienste der Eitelkeit? Sollen wir es riskieren, in diese über Jahrtausende unberührten Systeme andere Keime einzuschleppen, was fast zwangsläufig der Fall sein würde?

Die Projektplanung ist wie ein Politikum. Eine Entscheidung über Tage über ein System, dessen Organismen kein Lichtphoton mehr gesehen haben seit mehreren Millionen von Jahren. Die Energieversorgung für den Stoffwechsel muss auf anderen Strategien basieren. Leben ohne Licht ist keine Neuigkeit, auch Höhlenorganismen kennen keine Sonne, doch vermutet man unter dem Eis eine Nahrungskette, welche – zumindest in den bisherigen Vorstellungen darüber, wie Leben funktioniert – nur unter schwierigsten Umständen am Leben zu erhalten ist.

Gedanken jagen mir durch den Kopf, im selben Stakkato, in dem das Schneemobil über das Eis holpert. Bin meilenweit weg, sitze irgendwo am Grund eines Sees, bewege mich in einem Eiskern. Das Denken beherrscht mich die nächsten Tage, an denen wir immer noch auf der Stelle treten. Wir verbringen sie mit Schiwanderungen, es ist fast wie langlaufen. Etwa eine Stunde Gehzeit vom Camp entfernt befindet sich die chilenische Forschungsstation, die jedoch schon länger unbesetzt ist. Wie kleine Kokons stecken noch Kunststoffelemente im gepressten Schnee, der sie bald unter sich begraben wird. Eine moderne Konstruktion, die raupenförmigen Elemente sind alle durch Gänge miteinander verbunden, die Fenster erschienen wie Bullaugen auf einem Schiff. Aus Neugierde öffnen wir den Eingang und betreten das Eingangselement. Dick aufgeblasene Mineralwasserflaschen, gefroren, liegen am Gang im Schnee. Wir finden eine handgeschriebene Tafel mit den letzten Aufzeichnungen des Wetters, schon mehr als zwei Jahre alt. Seitdem scheint niemand mehr hier gewesen zu sein. Ein paradoxer Beweis für die Beanspruchung eines Territoriums, das aber nicht genutzt werden kann. Vermutlich aus wirtschaftlichen Gründen. Das Küchenmodul ist schon fast eingedrückt vom Triebschnee und beinahe dunkel, da die Bullaugen schon lange nicht mehr ins Freie sehen. In der Mitte stehen ein Herd und ein kleiner Kunststoffchristbaum. Es sieht nach einem plötzlichen Aufbruch aus: Ein Teller liegt am Boden, Strümpfe, achtlos verloren, keine Zeit zum Aufheben. Eine verlassene kurzfristige Heimat, einer Mondstation ähnlicher als einem Wohnraum.

Und wieder warten wir auf besseres Wetter. Das Warten macht uns zu schaffen, die Psyche kann sich nicht damit abfinden, dass womöglich nur die halben Versprechen eingelöst werden können. Die Unzufriedenheit trifft vor allem Paul, der für das Programm verantwortlich zeichnet. Es wäre endlich an der Zeit, sich von Patriot Hills zu verabschieden. Mit einem Fuß sind wir schon längst draußen.

Max und Art kommen endlich wohlbehalten von ihrem Flug zurück. Große Erleichterung überkommt uns. Wir sitzen zusammen, wieder gemeinsam in Pauls Zelt, die beiden erzählen von den Bedingungen dort, das Gepäck wurde abgeladen, verzurrt, markiert, damit man den Haufen im Triebschnee wieder ausfindig machen kann. Wir hören den beiden angespannt zu, irgendetwas ist im Busch. Es scheint zu einfach. Als ich mit Art alleine bin, frage ich ihn, wie die Stelle, die sie ausgesucht haben, wirklich beschaffen sei. Art blickt mich an und sagt nur: „Es ist ernst." Er wisse nicht, ob die zusammengewürfelte Gruppe den extremen Bedingungen dort und vor allem der Abgeschiedenheit gewachsen sei. Wir wären dort etwa 800 Kilometer von Patriot Hills und etwa 600 Kilometer vom Südpol entfernt. Ringsum nichts. Kein anderes Camp, keine Funkstation.

Nichts.

AM POL

Am Südpol zu stehen, braucht weniger Kraft als zuhause zu bleiben. Oft werde ich danach gefragt, was wohl der glücklichste Moment dieser Expedition war. Nein, der glücklichste Moment war es nicht, am Pol zu sein. Es sollte sogar Momente geben, da schämte ich mich, an diesem Punkt zu stehen. Wenig Privilegierteres und zugleich Dekadenteres erfuhr ich bis zu diesem Moment.

Wir fliegen in der immer noch ausgehöhlten DC-3 über die Eisfelder, selbst aus der Luft erkennen wir, wie diese mit riesigen Spalten durchzogen sind. Der Lärm in der Maschine macht das Sprechen unmöglich. So starrt jeder vor sich hin, völlig eingenommen von der Spannung, nun endlich den südlichsten Punkt der Erde zu erreichen. Endlich. Warten war nicht gebucht auf dieser Reise. Erst während der Expedition wurde mir bewusst, wenn ich den Platz im Flugzeug behalten kann, bin ich die erste Österreicherin am Südpol. Wie undankbar, es nicht sonderlich zu schätzen. Bis zum Schluss blieb fraglich, wie viele Personen überhaupt mitfliegen können und wer im Zweifelsfall nicht mit an Bord sein kann. Zu schlecht die Wetterverhältnisse, zu gedrängt der ehrgeizige Plan der *Adventure Networks*, den Touristen zu ihrem Triumph zu verhelfen. Alle wollen ihren „Sieg" verbuchen, den Pol abhaken, um dann bald wieder nach Hause zu kommen, der Alltäglichkeit nachzujagen. Aber schlussendlich sitzt die gesamte Gruppe geschlossen in der Maschine.

Das kleine Flugzeug setzt zur Landung an, wir bekommen noch eine rasche Einführung, jeder weiß, die Südpolstation ist keine Autobahnraststätte, es sind im Grunde keine Gäste erwünscht. Gehorcht den Regeln der Station, wird uns vorausschauend aufgetragen. Nach der Landung wird mir das ganze Unterfangen immer suspekter.

Es ist nicht richtig.

Die Tür geht auf, unsagbare Kälte durchschneidet meine Daunenjacke. Ich steige die Stiege hinab, setze den Fuß auf den Schnee. Er spricht mit mir, so scheint es, knirscht. Er knirscht lauter, metallischer, als ich es bisher gekannt habe, spricht härter. Dieser Schnee besitzt nicht die Weichheit des Schnees von zuhause. Er hat nichts Versöhnliches, fängt einen nicht auf, wie in der Kindheit, als man sich in den Schneehaufen vor dem Gatter fallen ließ oder im Spiel hineingeschubst wurde. Der Schnee zuhause ist kein Schnee zum Weinen. Hier erlaubt der Wind keine Kinder, nicht einmal im Kopf.

Ich gehe weiter und sehe in der Ferne eine seltsame, doch bekannte Konstruktion: Mehrere Fahnen flattern im Kreis um eine überdimensionale Christbaumkugel. Der zeremonielle Pol. Umringt von den Flaggen der Länder, die ihn und seine Umgebung schützen wollen, indem sie schon seit dem Jahre 1959 den Vertrag zum Schutz dieses Kontinents unterzeichnet haben. Auch Österreich hat den Antarktisvertrag signiert, gehört jedoch nicht zu den Gründerstaaten mit eigener Forschungsstation und ist somit kein vollwertiger, stimmberechtigter Vertragspartner, sondern hat reinen Beobachterstatus. Langsam nähere ich mich dieser Stätte, die anderen strömen dorthin, wir haben nicht viel Zeit, umständlich wird mit dicken Fäustlingen versucht, die Kameras zu bedienen.

„Ohne Polfoto warst du nicht hier“, sagt mir jemand. Ich registriere gar nicht, wer es ist. Werde gerempelt, das berühmte Bild der eigenen Reflexion in der glänzenden Kugel am Südpol will jeder haben. Dafür sind wir doch alle hier. Ich würde es gerne nur im Kopf behalten. Ohne Fotos. Bin irritiert, hier sein zu dürfen. Habe wohl zu viel in den alten Polfahrergeschichten gelesen. Sie haben sich gequält, haben Ideale zurückgelassen, schlussendlich auch ihr Leben. Vor mehr als hundert Jahren. Ich schließe die Augen zu schmalen Schlitzen, versuche, die anderen und die Technik, die uns hier umgibt, aus meiner Wahrnehmung auszuklinken. Es gelingt mir fast. Ich habe das windzerzauste Zelt Amundsens im Kopf, Scott stolpert mit letzter Anstrengung darauf zu, erkennt, er hat das Rennen verloren. Der Pol gehört nicht mehr ihm, norwegische Fußabdrücke nehmen ihm allen Ruhm. Sie werden bleiben, wie die amerikanischen Profile im Mondstaub, auch wenn man sie längst nicht mehr sieht. Sehe ein Schild vor mir. Es beschreibt die ersten Gedanken der beiden Polarpioniere Scott und Amundsen. Der Norweger scheint sagen zu wollen: „Nun haben wir es also geschafft. Anstrengend, aber der Pol ist unser." Es klingt kühl, eisig, berechnend. Daneben Scotts Enttäuschung: „Wir sind nun unter den schlimmsten Strapazen hier, an diesem begehrten Ort, doch unter welchen Umständen ..." Der traurige Verlierer. Was wäre geschehen mit ihm, wenn er nicht auf dem Rückweg erfroren wäre? Wenn er lebend mit der Niederlage nach Hause gekehrt wäre?

Selbst heute, über hundert Jahre später, waren noch immer nicht sehr viele Menschen an diesem Punkt. Ich wage nicht, in den Kreis der festlich wirkenden Flaggen zu treten. Wage es nicht, mich an diesen Punkt, diesen für mich heiligen Ring zu stellen. Es ist nicht richtig. Es ist dekadent. Eine Entweihung.

Ich werde geschubst: „Komm mit!“ Werde mitgezogen, hin zu dieser mystischen Stätte. Und dann überfällt mich der Rausch. Völlig trunken stehe ich in diesem magischen Kreis, reiße die Arme in die Luft, signalisiere: Ich habe es geschafft!

Doch was habe ich geschafft? Ich bin nicht aus eigener Kraft hierhergekommen. Der Rausch verebbt, ich höre plötzlich wieder die Stimmen, höre den Lärm der Schneeraupen, die in scheinbarer Sisyphusarbeit versuchen, die Station von den Schneeverwehungen zu befreien. Sehe plötzlich keine norwegischen Fußabdrücke mehr, keine enttäuschten grauen Gesichter der halbtoten britischen Mannschaft. Sehe bunte Daunenanzüge, Gesichter mit reflektierenden Sonnenbrillen. Kameras über der Schulter. Empfinde endlich Dankbarkeit. Wie vielen Menschen ist es erlaubt, hier sein zu dürfen, das alles spüren zu können? Ein irritierender Moment.

Die Bilder sind auf der Speicherkarte, der „Sieg“ ist unser, wir dürfen nun kurz in die Amundsen-Scott-Station hinein. Das Tor der Aluminiumkuppel steht wie ein Schlund weit offen, denn es ist Sommer. Sie glänzt in der Sonne und versinkt langsam im Sommerschnee, der unsere Spuren verwischt, welche nichts an der Geschichte ändern werden. Gar nichts, außer in unserem Inneren. Verändern meine Wahrnehmung für diesen Ort, ergänzen die Dorfchronik, erfüllen mich mit einem weiten Gefühl. Eine steile Rampe führt durch das Tor in das Innere der Kuppel. Es ist dunkel im Inneren, die Wände sind von Triebschnee überzogen, alles ist erstarrt, alles scheint im Reif zu ersticken. Die Augen gewöhnen sich ans Dämmerlicht. Die Kuppel schließt sich schützend um einige Container, die wie Spielzeughäuser ineinander geschachtelt sind. Es gibt kaum einen Temperaturunterschied zu außen. Wir werden vom Stationsleiter in einen Container gebracht. Es ist heiß hier, wir bekommen amerikanische Schokoladekekse, Tee. Ich fühle mich immer noch deplatziert. Die Station hier ist ein Zentrum der Polarwissenschaft, ein Aufenthalt hier bedarf äußerster Konsequenz mit sich selbst, erfordert absolute Gesundheit, körperlich wie geistig. Es ist kein Ort für Depressionen, kein Ort für Unaufgearbeitetes. Du kannst hier nicht einfach nach Hause gehen, wenn es dir nicht mehr gefällt. Alles hier ist dünn. Sogar die Atmosphäre ist dünner als gewöhnlich. Wir liegen auf dem polaren Plateau auf über 3000 Meter Seehöhe. Die dünnere Atmosphäre lässt es physiologisch wie etwa 5000 Meter Höhe wirken. Die Luft ist knapp. Merklich für manche. Sich auf dem Gelände der Station zu bewegen, ist für viele wie eine Bergbesteigung.

Wer sich für die Arbeit am Südpol entscheidet, egal, ob als Wissenschaftler oder in „erhaltender" Funktion, entscheidet sich für einige Monate Dunkelheit. Es erwarten einen völlige Finsternis, Abgeschiedenheit, Einsamkeit. Der Zauber der Nordlichter. Enthemmte Lichter am Himmel. Ungezähmte Winde, Temperaturunterschiede, die den Schnee sprechen, Eis brüllen lassen, als ob es wütend wäre. Aussichtslose Ohnmacht, wenn Krankheit zum Los wird. Ich erfahre von einem jungen australischen Wissenschaftler, der erst kürzlich im Winter hier an der Station aus immer noch unbekannter Ursache gestorben ist. Es gibt kein Schlupfloch, einen Kranken zur Heilung auszufliegen, und es gibt keine gewohnte, konventionelle Pietät, wenn der Tod eintritt. Kein Begräbnis, keine Messe in einer Dorfkirche,

Dicke Flüsse aus Eis wälzen sich bedächtig durch die Trockentäler und formen diese im Zeitlupentempo.

Der tägliche Weg „zur Arbeit“ kann manchmal bedrohlich wirken und das Tun bedeutungslos erscheinen lassen.

Der Cotton Glacier bildet ein Labyrinth aus unterspülten Lufthöhlen, die durch den vom Wind verfrachteten Sand gut getarnt sind.

Manchmal erscheinen die Strukturen im Eis wie filigrane Spitzen. Sie entstehen durch temperaturbedingte Dichteunterschiede.

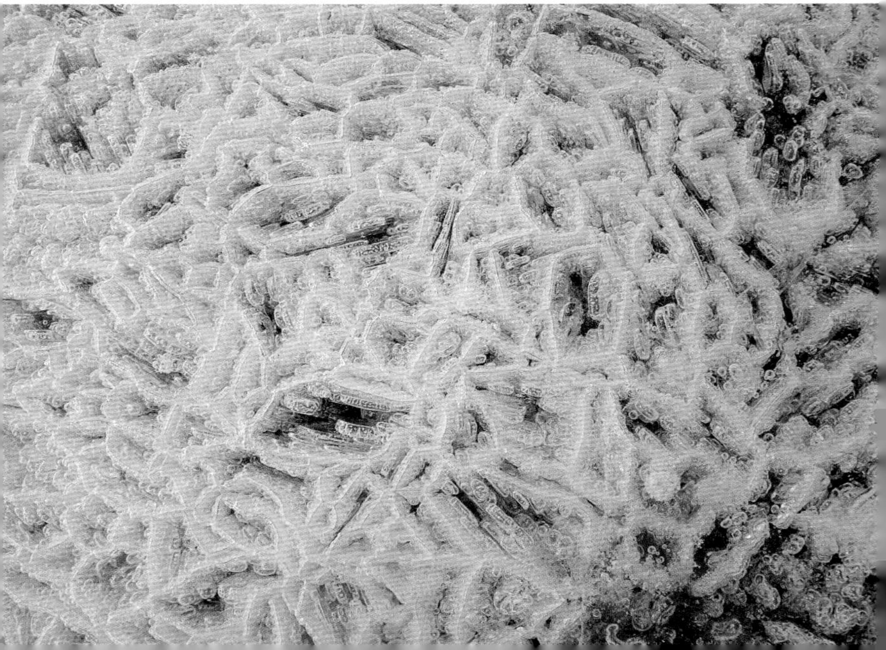

Acht Meter festes Eis trennen uns vom flüssigen Wasserkörper, der mikroskopisch kleines Leben und Plankton birgt.

Ein Meteorit: Diese Boten aus dem All sind leicht zu erkennen durch die angeschmolzene Oberfläche.

Im südpolaren Frühling lässt sich noch ein Tagesrhythmus erkennen. Bald kreist die Sonne Tag und Nacht über unseren Köpfen.

Bei 40° unter Null gefriert beinahe das Lächeln ein.
Aber nur beinahe.

keinen Abschied. Der Leichnam wurde in einem Container im Freien gelagert. Nach einiger Zeit dann wurden die eigenen Gesetze eingelöst: Es wurde ein Sarg gezimmert aus Holzresten, die für andere Zwecke hätten verwendet werden sollen, kunstvoll verziert mit Metallfunden aus den diversen Werkstätten. Entstanden in der Kälte, im Dunkeln, mit viel Fantasie und Liebe zu dem jungen Astrophysiker. Der Sarg wurde fertig und eine kleine Prozession zog über das Eis, es war dunkel, der Sarg lag auf einem Schlitten, wie der Polarfahrer Nansen ihn gebaut hatte. Während mehrerer Tage hatte man versucht, ein Loch in das Eis zu pickeln. Stumm verabschiedeten sie sich von einem guten Freund. Die Kapuzen tief im Gesicht.

Die Bilder erinnern an eine Begräbnisszene während jener amerikanischen Expedition, die vor mehr als 150 Jahren unter der Leitung von Charles Francis Hall mit dem Schiff *Polaris* den Nordpol gesucht hatte. Der Kapitän war so verhasst, dass es ihm schließlich das Leben gekostet hat. Die Schiffsbesatzung, zum Dasein als Landratten verdammt, da auf dem Eis gestrandet und das Schiff festgefroren, zogen den ermordeten Kapitän über das scharfkantige Eis zu seiner letzten Ruhestätte. Sie waren nicht fähig, ein tiefes Loch zu graben, die schmucklose Kiste musste mit zerbrochenen Eisschollen zugedeckt werden. Stumm verabschiedeten sie sich von ihrer ungeliebten Leitfigur.

Ohne ihre Last kehrte die Prozession nach wenigen Minuten wieder zur Kuppel zurück. Schloss die Rampe. Im Südsommer kommen die Versorgungsflugzeuge, tauschen die Mannschaften, nehmen den kunstvollen Sarg mit dem jungen Mann zurück in die Zivilisation. Seine Seele hat er sicher im Eis gelassen.

Eine junge Frau erklärt uns an einem Plan, wie die neue Südpolstation aussehen wird, denn der Schnee wird sich die alte Station zurückholen. Er lässt sie ertrinken, zerdrückt die Wände, greift langsam, aber beständig nach diesem Fremdkörper. Die neue Station erscheint ohne Charme, doch funktionell. Es ist hier kein Bedarf für Charme. Die Station wird hydraulisch auf Stelzen in die Höhe geschoben, wenn der Schnee wieder hungrig wird. Das Gelände ist eine riesengroße Baustelle, die den Bauarbeitern alles abverlangt. Sie zerreißen die Stille – und dabei dachte ich immer, wenn es am Südpol nicht still ist, wo sonst? Doch der geschäftige Betrieb zeugt vom Druck, dem Südwinter zuvorkommen zu müssen, und selbst im Sommer werden viele Tage durch schlechtes Wetter verloren, an denen man nicht im Freien arbeiten kann.

Der Südpol hat seine Würde verloren, ähnlich wie sie andere scheinbar unbezwingbare Orte verloren haben. Ein zwölfjähriger Junge aus Texas war hier, er sollte das erste Kind sein, das an beiden Polen gestanden hat. So will es sein Vater, der Bub kann es schon nachsprechen. Der Mensch erkauft sich jeden Triumph, stiehlt sich den Erfolg, es ist nicht überall seiner.

Man kann sich den „Sieg" auch bestätigen lassen, ein Souvenirgeschäft der Station verkauft Urkunden. Setze deinen Namen ein und du warst offiziell am südlichsten Punkt der Erde. Hingeflogen, hingekarrt, abgehakt. Es irritiert mich immer noch. Ich gehe an einer Schachtel mit Kondomen vorbei, sie liegen hier frei auf, es wird den Stationsbewohnern geraten, sie zu verwenden. Eine Schwangerschaft hier käme einer Krankheit gleich.

Bin plötzlich doch berührt, an der Aura dieses speziellen Punktes teilhaben zu dürfen. Schäme mich zwar ob der Dekadenz, wie ich hierhergekommen bin, und bin doch stolz darauf, zu den wenigen Menschen zu gehören, die diesen Ort gesehen haben, für die sich die Rampe hier geöffnet hat. Zur Scham gesellt sich ein triumphales Gefühl. Es wird immer wieder so sein: Extreme Bedingungen verändern die Wahrnehmung der eigenen Empfindung. Sie wird intensiver, verklärter, bunter, einschneidender. Ich sehe einen Kollegen, er steht mit dem Satellitentelefon vor der historischen Tafel, über welcher die amerikanische Flagge weht, und telefoniert mit seiner Frau. „Schatz, ich bin am Südpol!" Es schaudert mich und gleichzeitig würde ich mir so sehr wünschen, dass auch ich die Möglichkeit hätte, dieses Telefon in die Hand zu nehmen, ein paar Zahlen einzutippen, die mich um den ganzen Erdball katapultieren, heim in die Stube meiner Familie. „Stellt euch vor, ich bin am Pol, seid stolz auf mich."

Wir werden nach dem kurzen Fußmarsch wieder in das Flugzeug gescheucht, die Propeller werden von den Abdeckungsplanen befreit, die sie vor der Vereisung schützen sollen, die Generatoren ausgeschaltet, welche die Maschine vor dem Einfrieren bewahren, wir stolpern mit unseren schweren Stiefeln über die Stiege in das kalte Innere. Setzen uns auf die weichen Polster, auf dem Schoß Plastiksäcke voller Souvenirs.

Scott musste hier zu Fuß umdrehen, mit der Aussicht, es wahrscheinlich nicht zurückzuschaffen. Mit der Gewissheit, alles verloren zu haben, wofür er gekämpft hat, mit jedem Schritt nur dem eigenen Verhungern und Erfrieren näher zu kommen.

Wir steigen ein, das Flugzeug erhebt sich in die Luft, und wir verlassen diesen Ort. Egal, welche Richtung wir einschlagen, sie bringt uns dem Norden näher. Wir folgen dem Fluss des Eisstromes, vom Pol in Richtung Küste. Eis ist elastisch, verbiegt sich, folgt dem Druck des eigenen Gewichtes, es fließt. Am Pol etwa einen halben Meter pro Jahr. Der geographische Südpol ist mit einer Stange gekennzeichnet, sie wandert mit dem Eisstrom mit, jedes Neujahr wird der Standpunkt der Stange korrigiert.

Die veraltete Maschine zieht eine letzte Schleife über die miniaturartig erscheinende Kuppel, sie wird wahrscheinlich nicht mehr lange existieren. Die Scott-Amundsen-Station hat aus organisatorischen Gründen *Mac-Zeit*, die Zeit der amerikanischen McMurdo-Station am McMurdo-Sound, welche sich nach der neuseeländischen Zeitzone richtet, da diese Station von Neuseeland aus angeflogen wird. *Mac-Zeit* unterscheidet sich von der chilenischen Zeitzone, aus der wir kommen, um 16 Stunden. Für uns ist schon lange Nacht. Doch der härteste Teil erwartet uns.

UNBEWOHNT

Paul möchte auf einem Eisfeld landen, es sollte eine geeignete Stelle sein für die Suche nach Meteoriten. Wir überfliegen diese Stelle in geringer Höhe. Man kann die Spalten sehr gut erkennen, sie könnten ganze Flugzeuge auffressen, so breit und tief erscheinen sie. Paul möchte es nicht wahrhaben, befiehlt dem Piloten, eine weitere Schleife zu ziehen. Art, unser Mann aus Alaska, schaut versunken aus dem Fenster, er ist der Einzige, der die Lage wirklich einschätzen kann. Er schüttelt den Kopf. Paul hingegen sieht schon zu viel Zeit verloren, er will nicht aufgeben, hofft auf eine effektive und rasche Suche nach den Steinen aus dem All. Art argumentiert damit, dass es zu gefährlich sei, hier zu landen, die Leute wären müde, erschöpft, wir müssten erst das Lager aufstellen, wären völlig auf uns alleine gestellt. Wenn Wind aufkommt, wird die Errichtung des Lagers zur härtesten Probe. Wir sind kein geschultes, eingespieltes Team, sondern ein zusammengewürfelter Haufen ohne Erfahrung, nur hungrig konsumierende Touristen. Bis die Entscheidung fällt, werden einige Schleifen gezogen. Ich hoffe, dass wir nicht landen, teile Arts Einschätzung, wir wären dafür nicht gerüstet, wären dem nicht gewachsen. Nach mehreren Überflügen erkenne ich schließlich aus der Gestik, das Eisfeld mit dem Namen „La Paz“ wird nicht unser Ziel. Ich bin erleichtert, Paul ist enttäuscht, Art zufrieden.

Wir gewinnen wieder etwas an Höhe. Am Horizont erkenne ich, wie sich der Himmel verfinstert, nur noch ein feiner Streifen Licht bleibt übrig. Max, unser Pilot – er hat sich ein rosa Glücksschweinchen auf die Armaturen geklebt –, blickt sehr ernst aus dem kleinen Fenster. Es ist mir nicht möglich einzuschätzen, wie lange wir noch fliegen werden, es ist mir auch egal, der Tag ist schon überfüllt. Art zupft mich plötzlich von hinten am Ärmel. „Hier ist es", sagt er und deutet mit dem Kopf zur Seite. Neugierig blicke ich hinunter auf diese Wüste: weites Eis, ein Gebirgszug in der Ferne, das Eis wird dunkelgrau unter dem zornigen Himmel. Ich sehe einen dunklen Punkt unter uns, erkenne darin schließlich unser Gepäck, welches Art und Max bereits vor zehn Tagen hier deponiert haben. Mit abnehmender Flughöhe erkennen wir, wie sorgsam Art die Fracht gelagert, beschwert und mit Bambusstangen markiert hat. Ohne diese Vorkehrungen hätten Schneedrift und starker Wind unser Gepäck bereits nach einer Nacht unauffindbar gemacht.

Max warnt uns über den Lautsprecher, dass die Landung sehr hart und holprig werden könnte. Auch garantiere er nicht, wie lange er dafür brauche. Keine Landebahn, kein Lotse, keine Markierung. Es kann durchaus vorkommen, dass unsere DC-3 bei der Landung einen Schi verliert, erklärt er uns. Nicht gerade die beste Methode, um die Moral der übermüdeten Gruppe zu stärken. Aber eigentlich sei ihm so etwas noch nie passiert, fügt er trocken hinzu. Beklommen sitzen wir in unseren Sitzen. Die Vorstellung, nichts zu sehen, ist beängstigend. Die Farben würden erst in unserem Kopf wachsen mit der Dauer unseres Aufenthaltes. Das Eis sieht aus wie ein bleischweres Meer kurz vor einem Gewitter, die Wellen lang und schwer. Max schreit in den Lautsprecher: „Jetzt!" Ich höre zum ersten Mal Adrenalin. Hart setzt die Maschine auf, wir schlingern, es wirft uns noch einmal ein klein wenig in die Höhe, ehe wir wieder stumpf in unsere Polster geschleudert werden.

Es scheint ein ganzes Menschenleben lang zu dauern, bis das Flugzeug zum Stillstand kommt. Niemand rührt sich. Es sollte uns noch öfter passieren, dass die innere Uhr aussetzt, dass wir kein Zeitgefühl für Sekunden, Stunden und irgendwann auch Tage haben. Max sitzt stumm im Cockpit, die Hände noch am Steuer, er wirkt erstarrt wie das Meer dort draußen. Schließlich sagt er: „Beeilt euch, ich will nach Hause."

Sein Zuhause ist dort, wo seine Frau arbeitet, in Patriot Hills. Paul stemmt sich gegen die Tür, öffnet die letzte Barriere vor der Einsamkeit, die uns bald umgeben wird. Die Gruppe, noch immer nicht in der Realität erwacht, steigt über die Treppe nach unten, wir stehen verloren auf dem Schnee wie auf einem Bahnhof, nur: man hat uns den Bahnhof genommen. Hat uns genommen, worauf wir jetzt zu warten scheinen. Drehen uns um 360 Grad, nur um zu sehen, dass sich in diesem Blickwinkel nichts ändern wird.

Max beginnt hektisch, das Flugzeug vom restlichen Gepäck zu befreien, Lebensmittel, Gaskocher, Schlafsäcke, Matten, getrieben von dem sich rasch schließenden hellen Fenster am Himmel. Dieses Bild bleibt in unseren Köpfen, das Nichts, das sich erst nach zaghaften Annäherungen und Versöhnungen mit dem Eis materialisiert.

Die Ohnmacht vor diesem Ort legt sich kurz, Max braucht Hilfe. Bald liegt ein weiterer Haufen neben dem Gepäckdepot, das von trockenem Schnee überzogen ist. Art kontrolliert die Anzahl der Zelte und Schlafsäcke, Treibstoff, Funkgeräte. Max vergewissert sich, dass das Flugzeug leer ist, nichts Essentielles vergessen wurde: „Gebt acht auf euch!“

Wir sind immer noch inhomogen, unkontrolliert, versuchen, mitten im Weiß unsere Zeltstadt zu errichten. In Patriot Hills haben wir einmal im Sturm geübt, so effizient und sicher wie möglich ein Zelt aufzubauen. Wir beginnen mit dem größten Zelt, eine Art Jurte, alle zwölf Personen sollten darin Platz haben. Sollte das Wetter sich verschlechtern, würden wir vorerst alle in dieser Jurte Unterschlupf finden, bis das Wetter es zulässt, die kleinen Zelte zu errichten. Wir legen die Stangen aus, versuchen, uns zu organisieren, es gibt keine Hierarchien mehr. Die Geschäftigkeit wird unterbrochen, als wir hören, wie Max die Türe des Fliegers mit Wucht zuschlägt und uns winkt. Wir sehen uns irgendwann wieder! Und dieses „Irgendwann“ ist kein Sarkasmus, sondern der Zeithorizont, den man hier einfach haben muss. Es gibt kein sicheres Morgen, keinen gebuchten Abflug am Donnerstag, 10:15 Uhr, es gibt nur irgendwann.

Max hat die Maschine nie abgestellt, um ein Einfrieren zu verhindern, wir sehen durch das Cockpitfenster, wie er sich die Kopfhörer aufsetzt, den Funk bedient, er winkt uns nochmals, signalisiert uns mit erhobenen Daumen toi, toi, toi. Die DC-3 setzt sich holpernd in Bewegung, langsam dreht Max die Maschine und versucht mit rasch steigender Geschwindigkeit, seinen Landespuren zurück zu folgen. Es ist höchste Zeit, der helle Streifen am Horizont hat sich verkleinert, ein schmales Schlitzauge am Himmel. Max steuert darauf zu, hebt ab, er lässt das Flugzeug schwanken, es sieht aus, als würde er mit den Flügeln winken.

Wir stehen im Kreis um die ausgelegten Zeltstangen, alle starren dem kleinen Punkt am Himmel nach, er fliegt nach Hause, nach Patriot Hills, dort ist ein beheiztes Zelt, freundliche, idealistische Menschen, die warmes Essen bringen. Der letzte Sonnenstrahl erwischt das Flugzeug, lässt es noch einmal kurz aufblitzen. Niemals zuvor habe ich ein solches Gefühl von Unwiderbringlichkeit erlebt wie hier.

So ähnlich mag es den Männern Shackletons ergangen sein, als sich ihr Expeditionsleiter mit zwei weiteren Kameraden auf den Weg gemacht hatte, um mit dem Beiboot *James Caird* Hilfe für die auf einer kargen Insel festsitzende Mannschaft zu holen. Shackletons Schiff, die *Endurance*, war bald nach der Ankunft in der Antarktis von einem eisigen Panzer umfasst worden und wurde nie wieder losgelassen. Wie eine Faust zerquetschte das ächzende Eis das scheinbar stabile Schiff, bis es unter dem Druck zerbarst und die Mannschaft nur noch kleine Beiboote für ihr Entkommen zur Verfügung hatte. Mit schier unvorstellbaren Kräften zogen sie die schweren Holzboote über das Eis Richtung Norden, um sie endlich zu Wasser zu lassen. Sie erreichten schließlich eine unwirtliche Insel, Elephant Island, im ersten Empfinden das Paradies, beim zweiten Wimpernschlag ein weiteres Gefängnis, aus welchem sie nur ihr Kapitän Ernest Shackleton, dem sie so sehr vertrauten, retten konnte, indem er sich mit zwei Begleitern in einem Boot auf den Weg zur nächsten Insel, 1000 Seemeilen entfernt, und damit auf eine unglaubliche Reise machte. Das Unternehmen schien mehr eine moralische Stütze für seine Männer zu sein als ein realistisch gemeintes Vorhaben. Als sich die *James Caird* durch den grauen Kies in das Wasser schob, standen alle Männer am Strand der Insel, um dem kleinen Boot nachzusehen, um den drei Menschen, an denen nun die Verantwortung für das Schicksal von 21 Seelen hing, nachzuwinken und ihre Hoffnung mit in das Boot zu setzen – holt uns wieder ab! Sie stehen im Kies, winken, hoffen, sehen, wie sich das Boot in den Wellen verliert. Wir sehen uns irgendwann wieder.

Natürlich haben wir zu essen, natürlich wird man uns wieder holen. Jeder weiß, wo wir uns befinden. Und doch stehen wir, unorganisiert und verloren auf dem Eis, das beklemmende Gefühl klebt uns zu einer undefinierten Masse zusammen. Max ist schon lange nicht mehr am Himmel zu erkennen. Wir stehen immer noch, fixieren irgendetwas, das es nicht mehr gibt. Das Fenster am Himmel hat sich geschlossen, grau, schwer.

„Wir sollten es rechtzeitig schaffen, das Lager aufzubauen." Art versucht, uns aus unserer Lethargie heraus in die Realität zu bringen. Niemand reagiert. Es dauert, bis wir uns wieder dem Gewirr der Zeltstangen widmen, die im Schnee liegen wie ein riesiges Mikado. Die Zeltplane daneben, sie sieht aus wie ein großes erlegtes Tier.

Nach Stunden steht die Jurte. In freundlichem Gelb wie das Innere einer Blüte, die Bienen anzieht. Auch wir suchen Einladendes. Der Wind bleibt noch aus, wir nützen die Zeit, unsere eigenen kleinen Schlafzelte aufzustellen. Die Jurte wird zum Dorfmittelpunkt, seitwärts werden die kleineren Zelte errichtet, die Rückseite der Windrichtung zugewandt. Der Wind ist unbarmherzig, doch berechenbar, woher er angreift. Wir haben Sägen mit und schneiden unzählige Schneeziegel aus dem Boden, um eine Mauer gegen den Wind zu errichten. Wenn der Wind hungrig wird, kann er sich ein Zelt holen. An diesem Ort ein Zelt zu verlieren, kann lebensbedrohlich werden. Die Leinen werden mit Schneeziegeln beschwert, man macht sich nicht zum Feind des Windes. Lässt ihn nichts stehlen. Es ist nichts übrig, was er sich nehmen könnte. Die Stimmung wirkt etwas erleichtert, nachdem die Zelte stehen. Der Tag hat den Rhythmus völlig verloren, wir werden übermütig, bauen eine kunstvolle Latrine aus Eis. Luxus der Fantasie. In Windrichtung entsteht ein blickgeschütztes halboffenes Iglu. Auf dem eisigen Sitz werden Säcke eingespannt, wir müssen auch hier alles wieder mitnehmen, denn laut antarktischem Vertrag sind nirgends Depots von menschlichen Fäkalien erlaubt.

Der Tag wird zur Nacht, die Nacht zum Tag. Wir rollen uns in den Schlafsäcken zusammen, die Isoliertheit kehrt wieder. Die Antarktis ist das größte Gefängnis ohne Mauern, der grausamste Ort. Der herrlichste. Schwarz und Weiß liegen fast schon ohne Übergang beieinander, sind nicht mehr zu unterscheiden. Die Wahrnehmung wird von der Tagesverfassung gesteuert, vom Hunger, dem Auskommen mit dem Zeltnachbarn. Der Wind versucht, an unseren Mauern zu knabbern. Im Zorn wirft er breite Schneewechten zwischen den Zelten auf. Ich ziehe mir die Mütze tief ins Gesicht, den Schlafsack bis zur Nase, stecke meine klammen Hände zwischen die Beine. Bin erschöpft und habe doch das Gefühl, nun endlich angekommen zu sein. Hier stört keine Dekadenz mehr, keine Scham. Während ich meinen Gedanken nachhänge, türmt der Wind einige Zentimeter Schnee neben meinem Gesicht draußen gegen die Zeltwand auf. Endlich fühle ich mich geborgen und falle in tiefen Schlaf.

WEISSE FARBEN

Fährst du in die Antarktis, fährst du ins ewige Weiß.

Nur weiß, weiß, Freunde fragen mich, wie man das aushält, wenn man über den gesamten Horizont nur diese eine Farbe sieht. Ich denke wieder an Opa. Pragmatiker, wie er war, hat er mich immer ermahnt, Weiß sei keine Farbe. Muss man sich erst bis ans Ende der Welt bewegen, um zu erkennen, dass Pragmatismus nur dem Realisten schmeichelt? Wissenschaftlich schnell erklärt, spielt das Farbempfinden den Augen desjenigen, der sich inmitten dieser Nichtfarbe befindet, tausend Streiche. Der Mensch ist wahrscheinlich immer dazu geneigt, abzustufen, zu differenzieren, zu vergleichen. So bildet diese Nichtfarbe hier ein phantastisches Spektrum an Farben, die zuhause gar nicht existieren. Kein Tannengrün, Erdbraun, Nassgrau, Altschneeweiß, Autobahn mitten durch, wie zuhause in Tirol. Kein Anstoßen an irgendeinem Berg oder Wald, das Auge läuft hier regelrecht davon. Das Licht spielt mit den Eiskristallen, sie tanzen wie Kobolde in der kalten Luft, bilden lebendige, regenbogenartige Erscheinungen über dem erstarrten Untergrund. Die Sonne wird ihrem Ruf nicht gerecht, die gegen sie gerichtete Nasenspitze erfriert, bildet weißliche Blasen, die sich schließlich in ungesundem Rot aufwerfen, die Lippen sind blau. Der Schnee erscheint wie der Mosaikboden eines neuen Hallenbades, unsere gelben Zelte darauf wie Blumen auf einer toten Wiese.

Warum wird man immer wieder darauf angesprochen, Weiß sei über Monate hinweg anstrengend für den Kopf, die Seele, das Auge?

Die Sonne spielt mit dem Zauberstab des schrägen Einfallswinkels auf dem Eis. Geht es dir gut, bist du empfänglich für diese Kunststücke, geht es dir schlecht, so greifen dich die Farben an, das Weiß wird zum größten Ghetto, das man sich ausmalen kann, das Gelb zu grell, das Blau zu eisig, Grün scheint niemals existent gewesen.

Ich denke daran, wie die Expedition Shackletons etwa die Farben empfunden haben muss auf ihrer wohl ungewöhnlichsten Bootsreise der modernen Seefahrt. Über 1000 Meilen durch das feindlichste Meer der Welt. Vom Packeis, welches ihnen das Schiff gestohlen hat, bis Elephant Island, das Blau des Meeres wird zum feuchten Grau, die vorbeidriftenden Eisberge zum tödlichen Stahlblau, der Himmel zum endlosen Nirgendwo. Schlussendlich die Rettung, an welche man kaum noch glaubte, die Insel taucht aus der Gischt und dem Nebel auf. Es gibt wahrscheinlich außer dem Inneren des Kontinents kaum feindlicheres Land für irgendwelche Lebewesen als diese südpolaren Inseln. Die Farben wechseln nur vom Grau ins Schwarz, vom Schwarz ins Grau. Die Männer selbst mit alten grauen Gesichtern, die Mühe hat ihnen tiefe Furchen ins Gesicht geritzt, hat auch den ganz jungen Männern die Unbeschwertheit der Jugend aus dem Antlitz gerissen. Die Haut fast schwarz vom Ruß des Pinguintrans, den sie monatelang als Brennstoff verwendet hatten, die Kleidung schwarz. Schlaffes Grau hängt von ihren Gesichtern und Körpern herab. Und doch, nach über achtzehn Monaten, stehen sie wieder auf festem Boden! Das Schwanken des

Decks der *Endurance*, das Knirschen des Packeises, das Treiben und Driften der Schollen auf dem Ozean wurde endlich eingetauscht in solide Kiesel, die für die Männer bei ihrer Ankunft auf der Insel in Farben geschillert haben müssen, welche Leben versprechen. Kieselsteine wie pralle Früchte, Blumen wie die bunten, leichten Sommerkleider ihrer Liebsten zuhause.

Der Kopf stellt die Farbpalette zusammen, die dich umgibt, nicht das Auge. Es ist das unsichtbare Auge, deine Stimmung. Frag deine Seele, wie es dir geht, und sie zeigt dir, welche Farben dich umgeben.

STEINE, DIE VOM HIMMEL FALLEN

Paul steht in der Mitte unserer Jurte, wir umringen ihn, als er uns erklärt, wonach wir suchen müssen. „Von vielleicht hunderttausend Steinen ist einer der Richtige. Also, haltet die Augen offen."

„Wonach sollen wir suchen, wenn wir nicht wissen, wie die Steine aussehen?", fragt Eric, der Softwarespezialist aus San Francisco. Eric ist ein „Marsianer", er glaubt an das Terraforming-Prinzip des Mars, die Möglichkeit, den roten Planeten bewohnbar zu machen. Irgendwann wird es der Menschheit möglich sein, auf dem Mars zu leben, das ist seine Zukunftsvision. Er hat alles darüber gelesen, ist Mitglied der *Mars Society*, die sich mit der Ausarbeitung dieses Konzeptes beschäftigt. Der Fund eines Steins aus dem All ist ein Teil seiner Mission.

Paul ist sich sicher, wenn wir einmal einen Meteoriten gesehen haben, dann werden wir sie für den Rest unseres Lebens erkennen. Aber vorerst muss einmal einer gefunden werden. Man spürt die Unruhe in der Gruppe, endlich eine höhere Aufgabe, etwas Bedeutenderes als eine Latrine zu bauen, etwas, das nicht nur unserer Lebenserhaltung dient. Endlich ein Privileg.

Unser Lager liegt etwa 15 Kilometer von einer Bergkette entfernt. Art und Roger haben schon vor einigen Tagen einen Pfad dorthin markiert. Mit den Schneemobilen sind sie eine gerade Strecke abgefahren, um immer wieder eine Bambusstange im harten Schnee zu versenken. Sie sollen uns Wegweiser sein, wenn Schnee aufwirbelt und uns die

Sicht zurück zum sicheren Zelt versperrt. Zudem helfen sie uns, Entfernungen einzuschätzen. Nirgendwo ist dies schwieriger als auf dem Eis und auf dem Meer. Kein Haus, kein Baum, keine Schattierungen dienen der Orientierung, niemand kann dort draußen unterscheiden, ob wir 10 Kilometer oder nur 5 Minuten vom Camp entfernt sind.

Durch ein Missverständnis der Organisatoren seitens *Adventure Networks International* und aufgrund von überraschend mehr Gepäck unsererseits bekamen wir statt einem Guide und drei Schneemobilen zwei Führer und nur zwei Schneemobile. Mit zwei Schneemobilen kann man jedoch nicht die gesamte Gruppe mobilisieren, es ist zu wenig Platz. Ein fataler Mangel: Wenn die Gruppe, die sich draußen mit beiden Schneemobilen bewegt, einen Notfall hat, können die verbleibenden Mitglieder im Lager ihnen nur zu Fuß helfen. Ein Umstand, der sich auch aus dem höheren Gewicht unseres Gepäcks ableiten lässt, die DC-3 hat eben nur begrenzte Kapazitäten. Luxus oder Sicherheit. Wir haben jedoch auch zwei Schlitten dabei, einen Nansenschlitten und einen angepassten Kunststoffschlitten, der einer Gürteltierhaut ähnelt, welche über das Eis gezogen wird.

Paul ermahnt uns eindringlichst, die Meteoriten bloß nicht anzugreifen, um sie nicht mit menschlichen Spuren zu verunreinigen – sollten wir welche finden. Wir sollen uns organisieren, geplant suchen und nicht hysterisch über das Eis laufen im Übereifer, den ersten Meteoriten finden zu wollen. Wir würden uns sonst verlieren, wenn das Wetter umschlägt. Wir werden in Gruppen geteilt, mit GPS ausgerüstet, jedes Team erhält von mir vorbereitete sterile Beutel mit Aufschrift, sterile Handschuhe und einen Schnellkurs, wie man die Funde ohne Berührung bloßer Finger einpacken kann. Alle sitzen fertig angezogen um Paul in der Jurte herum, tragen Schneebrillen, Gesichtsschutz, sogar Knieschützer, sollte man am Boden herumkriechen müssen. Wie eine Schar Kinder, die sich aufs Ostereiersuchen freut. Jeder will der Erste sein, jeder hat ein Ziel vor Augen. Wir wollen die steinernen Zeugen aus dem Weltall bergen, sie praktisch zum Leben erwecken, indem wir sie in unsere Welt bringen. Sie durch Dünnschnitte zum Sprechen bringen. Woher kommst du? Wie lange bist du schon unterwegs?

Wenn ein Stein vom Himmel fällt, kann er irgendwo in die Atmosphäre eintreten. Durch diesen Eintritt in die Erdatmosphäre ergibt sich Widerstand, der sich in unglaublich großer Reibungsenergie ausdrückt, der Stein wird in Bruchteilen von Sekunden so stark erhitzt, dass die äußere Schicht verschmilzt. Dies steht alles auf der Oberfläche des Steins geschrieben. Zurück bleibt eine dunkle, verkohlt aussehende Oberfläche. Alle Ecken und Kanten dieses Brockens gehen verloren in neuen Rundungen, erzählen neue Geschichten.

Warum jedoch suchen wir gerade in der Antarktis nach Meteoriten, nach diesen steinernen Boten? Meteoriten gibt es überall auf der Erdoberfläche, doch sind sie auf der hellen Oberfläche leichter zu finden. Das ist ein Grund, hier zu suchen. Den Hauptgrund aber erklärt uns Paul: „*Meteorites hate water.*" Sie hassen Wasser. Meteoriten sind durch einen ungleich höheren Metallgehalt schwerer als übliches Gestein auf der Erde und würden in gemäßigten, feuchten Klimata schlicht und einfach rosten. Banales Rosten zerstört diese Andersartigen, die einzigen Beweise von anderen Systemen. Die Antarktis ist nicht nur der kälteste, windigste und höchstgelegene, sondern auch der trockenste Kontinent. Die Trockenheit und Kälte wirken wie ein überdimensionierter Kühlschrank für Meteoriten. Die wenige Sonnenenergie, die in der Antarktis auftrifft, wird von der dunklen Oberfläche der Steine gespeichert, lässt sie in das Eis schmelzen. Sie werden im Eis konserviert, können über Jahrtausende darin reisen. Das Eis fließt und nimmt alles mit sich, was darin eingeschlossen ist. Bis der Fluss gestoppt wird. Das Eis, das sich in Richtung Küste bewegt, wird durch Bergketten, welche sich dem Fluss in den Weg stellen, blockiert. Das Eis schrammt mitsamt seiner steinernen Fracht den Felsen entlang. Bringt die eingeschlossenen Steine irgendwann wieder nach oben, in den Südsommer oder in die Polarnacht. An der Oberfläche werden sie zum Spielball des Windes, sie werden zerschmettert, verwittern oder schmelzen wieder ein klein wenig in das tiefe Blau ein.

Ich sitze hinten auf einem Schlitten und der Fahrtwind schneidet sich durch die Gesichtsmaske. Ich drehe mich während der Fahrt vorsichtig um, sehe das Lager, wie es langsam kleiner wird, sehe noch, wie die anderen zurückbleiben und winken. Die Fahrt ist holprig, ich sitze auf meinem Rucksack, der Eisbohrer neben mir drückt sich durch die vielen Schichten meines Gewands. Trotzdem ist es ein glückliches Gefühl: Endlich geht es los! Leichten Schmerz zu spüren, bedeutet nicht immer Unangenehmes, sondern zeigt auch die Kontinuität, die Beweglichkeit unseres Tuns. Das glitzernde Blau zieht vorüber, ich höre den Motorenlärm nicht mehr, tauche wieder tief in diese Zeitlosigkeit ein, sehe die Berge näher kommen, habe keine Ahnung, wie lange wir schon fahren, es ist wieder so ein Tag ohne Zeitgefühl und ohne Skala.

Mitten auf einem blanken Eisfeld bleiben wir stehen. *Blue Ice*, es ist tatsächlich blaues Eis, alt, dicht, rissig, wie die Haut eines alten Mannes, ich muss unweigerlich an die Stirnfalten von Opa denken, wie kariert, hatte ich als Kind immer gesagt. Unverletzbar. Millionen von Steinchen liegen auf dem Eis. Woher kommen diese Steine? Vom Mond? Vom Mars? Sind es Erdlinge? Wie sollen wir davon Meteoriten unterscheiden, die Nadel im Heuhaufen suchen? Ein Teil eines Sterns unter vielen.

Die geplante Organisation der Teams ist plötzlich wie vergessen, Goldrausch befällt uns, wie Touristen im Weltall. Besessen von dem Drang, diese Kostbarkeit zu finden, stolpert jeder für sich ziellos auf dem Eisfeld herum. Paul ist verzweifelt. Würde das Wetter plötzlich umschlagen, hätten wir alle keine Chance mehr, keiner würde mehr den anderen sehen, keiner wüsste, wo sich der Kern der Gruppe befindet.

Plötzlich sehe ich Paul aufgeregt winken, er hüpft auf und ab, dirigiert uns zu sich. Man kann sich ohne Steigeisen nicht schnell bewegen auf diesem glatten Eis. Ungeduldig strömt die Gruppe, deren Mitglieder aus den verschiedensten Wellentälern auftauchen, auf unseren winkenden Expeditionsleiter zu. Er hat seine Kamera auf das Eis gelegt, daneben befindet sich ein unscheinbarer Stein.

„Wir haben den ersten Meteoriten", strahlt er. Er ist erleichtert, denn bei seiner ersten selbstorganisierten Expedition wurde kein einziger Meteorit gefunden.

Ehrfürchtig knien wir uns vor dem erdbeergroßen Stück Gestein nieder. „Nicht berühren!" Paul hat Angst, dass wir aus Ungeduld und Ergriffenheit den Meteoriten in die Hand nehmen und somit alle ursprünglichen Daten verwischen. Hier ist er also, der Bote aus dem All. Wie viele mögen noch um uns herum sein? Wie lange liegen sie schon hier? Wie viele Jahre sind sie schon mit dem Eis gewandert?

Die verkohlt scheinende Oberfläche ist sehr gut erkennbar, es fehlt ihm jede Art von Ecken, Kanten, und er ist dunkler als die Gesteinsbrocken der Erde. Sorgfältig werden nun die Koordinaten aufgenommen, der Fund fotografiert. Der Meteorit kommt in einen sterilen Beutel, der mit einem Code genau beschriftet wird. Es ist fast schmerzhaft, dieser kleine Brocken ist über Lichtjahre gewandert, bei uns gelandet und seine letzte Station auf dieser Reise ist dann dieser sterile Kunststoffbeutel, bevor er als Dünnschnitt unter einem Mikroskop der NASA endet. Woher kommt er? Es ist schwierig, sich vorzustellen, wie ein Stein dieser Größe ausgerechnet die Erde trifft. Doch im All werden viele Planeten täglich von irgendwelchen Gesteinsbrocken getroffen, statistisch gesehen durchstoßen ca. 40.000 Tonnen pro Jahr die Erdatmosphäre. Wie vor einem Götzen knien wir vor dem Stein im Plastikbeutel. Paul erklärt uns anhand des Fundes noch einmal die genauen Erkennungsmerkmale und schickt uns wieder aus.

Spätestens jetzt übernimmt das Goldfieber restlos die Führung und macht einen manisch ausschwärmenden, unkontrollierbaren Haufen aus uns.

Das Sonnenlicht lässt das Eisfeld wie ein gefrorenes Meer mit kleinen gekräuselten Wellen erscheinen, endlos. Die dunklen Steine liegen darauf wie Tausende Augen, sie scheinen in die Weite zu blicken, mehr zu sehen als wir alle zusammen. Es gleißt. Das Eis ist sehr alt, es fließt langsam, aber beständig. Man kann sich verlieren in diesem Meer. Steht man in einem Wellental, ist man plötzlich allein, für alle anderen unsichtbar. Auf einem Wellenberg hingegen scheint man so weit sehen zu können, bis wieder Bergkämme das Meer umschließen.

Der Tag war lang, nicht messbar am Sonnenstand, jedoch an der Erschöpfung der Gruppe. Wie Bärenfelljäger kehren wir mit den Schneemobilen in das Lager zurück. Ich sitze wieder auf dem Schlitten, diesmal mit dem Gesicht zu den Bergen hin, vor denen wir gerade die seltsamen Bruchstücke anderer Planeten eingesammelt haben. Langsam werden sie kleiner und das Gelb unserer Zelte wird sichtbar. Aufgeschreckt vom Lärm der Schneemobile treten die Zurückgebliebenen vor die Zelte. Neugierig, ob unsere Suche erfolgreich war. Der lange Tag hat uns zwei Meteoriten beschert: Kurz nach Pauls Fund stand ich vor einem vogelkopfartigen Gebilde, ohne Ecken, ohne Kanten, dunkel. Er stammt aus dem Asteroidengürtel Vesta, ca. 184 Millionen Kilometer von der Erde entfernt.

Es ist wie ein kleines Fest in unserer Jurte, ausgelassene Stimmung, jeder hat nun also die Chance, einen Fund zu machen, „Felle" nach Hause zu bringen. Die sterilen Beutel gehen reihum, wir sitzen wie gewohnt am Boden auf dünnen Matten, der Gaskocher brennt, wir trinken Tee, der Dampf lässt den untertags gefrorenen Reif unseres Atems tauen, er tropft von der Decke, tropft uns auf die Köpfe, die Beine, es hört nicht auf zu tropfen. Unangenehm, doch aufgrund des Triumphs von heute unbedeutend. Paul winkt mich zu sich, wir kriechen durch die Eingangstür des großen Zeltes hinaus. „Du musst mir helfen, die Steine zu verpacken. Sie hassen Wasser, erinnerst du dich?" Wenn es auf unsere Köpfe unaufhaltsam tropft, dann wird auch das sie umgreifende Eis in den Beuteln schmelzen und das Metall zum Reagieren bringen. Wir kriechen in Pauls Zelt, das sogenannte Wissenschaftszelt. Er teilt es sich mit Jim, der die Innentemperatur stets schlagartig nach oben gehen lässt, sobald er das Zelt betritt. Vorsichtig nimmt er die Meteoriten aus den Säckchen und gibt sie mit der sterilen Pinzette in einen frischen Beutel. Die Steine dürfen nicht mit Fremdstoffen in Berührung kommen. Paul überprüft sie mit einem Magneten, sind es wirklich Meteoriten? Gierig saugt sich der Magnet am Metall des Steines an. Nichts Außergewöhnliches, meint er, aber nun ist es sicher: Wir haben tatsächlich am ersten Tag einen Fund gemacht. Er scheint zufrieden. Wir teilen uns einen kleinen Schokoladeriegel, den er von Chicago mitgebracht hat, ich hole meinen kleinen Flachmann mit Apfelschnaps, er ist für besondere Anlässe bestimmt. Paul ist ein Mann der Rituale. Wir stoßen an und ich fühle mich irgendwie eigenartig mit diesen Steinen im Zelt. Noch niemals war ich in Berührung mit etwas, was nicht von unserem Planeten stammt. Außerirdisch klingt so abgedroschen, denke ich mir, und nun haben wir doch etwas Außerirdisches mitten unter uns.

„Sie mögen es kalt und trocken", sagt Paul wohlwollend und spricht von den Steinen wie von frischen Welpen. Er scheint völlig eingenommen zu sein von diesem Fund, liebevoll der Jäger und Sammler, sie sind ihm ins Netz gegangen, zufrieden der Wissenschaftler, er kann vor der grausamen Gesellschaft der Kritiker bestehen. Mit Dünnschnitten wird er einen weiteren winzigen Grundstein zur Erklärung des Aufbaus des Universums legen. Wie viele solcher Steine braucht man, um darüber erzählen zu können?

Die zahlenden Touristen sind das Werkzeug für seine Polar-Forschungsreisen, Wissenschaft zum Buchen, fast *all inclusive*, man ist hautnah dabei, die Kombination jedoch nicht ohne Risiko.

Was hätte Paul seinen Kunden erzählt, wenn wir keinen Fund gemacht hätten? Wenn die ganze Reise „nur" ein Antarktisaufenthalt geworden wäre? Sie kamen für eine Mission. Die Mission mit dem Ziel: Suchen Sie steinerne Zeugen aus dem All! Danach trinken Sie entspannt ein Glas Champagner in wundervoller Atmosphäre mit guten Freunden. Angepriesen wie ein Safari-Urlaub, Elefanten garantiert.

Ich erinnere mich an unser selbst gemachtes Interview vor dem Flug zum Pol. Jeder von uns wurde vor laufender Kamera gefragt, was für ihn das Ziel der Reise sei, das größte Glück. Das Glück schien für die meisten viele „Felle" zu sein, fette Beute. Nur Art meinte mit steinerner Miene, es wäre wundervoll, wenn am Ende der Reise niemand verletzt wäre, wenn wir alle noch in normalem Ton miteinander sprechen könnten, alle wieder gesund nach Hause kehrten. Das hat mich beeindruckt. Der Mann, der am meisten gesehen, erlebt hat, hat den bescheidensten Wunsch, der schlussendlich der größte sein wird, fast schon vermessen.

Tag für Tag bringen die verschiedenen Gruppen sorgfältig verpackte Steine zurück ins Lager, jeden Abend dieselbe Prozedur. Es wird erst gegessen, sobald Paul und ich aus dem Wissenschaftszelt zurückkommen und die Funde katalogisiert, fotografiert und sicher verpackt sind. Die erste Auswertung der Funde ist neben der Suche immer der spannendste Augenblick. Stammen sie noch von unserem Sonnensystem? Mit Pauls Hilfe geben sie ihre Herkunft preis. Der Lotto-Sechser wäre die Entdeckung von bakteriellem Material im Gestein. Es müsste fossil im Inneren verborgen sein, denn der Durchtritt durch die Atmosphäre würde jeden organischen Anteil an der Oberfläche in Sekundenbruchteilen verglühen lassen. Wenn es überhaupt vorhanden ist. Der berühmte Meteorit ALH84001 aus der Antarktis – er soll angeblich fossile Karbonatpartikel beinhalten – sorgte für Aufregung in allen Medien und lieferte lange Jahre Diskussionsstoff. Bisher konnte niemand den Nachweis von Karbonat bestätigen. Kritischer Punkt zwischen Fakten und Fiktion: Wenn es Leben dort draußen im All gäbe, dann müsste man vorerst einmal definieren, was man unter Leben versteht. Muss es denn nach unseren Erdengesetzen ablaufen? DNA nur aus den bekannten vier Basen? Die vier Buchstaben allgegenwärtig auf allen Galaxien? Könnten Bausteine des Lebens auch anders aussehen? Für unsere Logik nicht begreifbar? Niemand weiß es.

Es scheint wie die Suche nach dem Heiligen Gral zu sein, beweisen zu wollen, dass die Erde nicht der Lebensmittelpunkt des Universums ist. Ich bin über alle Maßen skeptisch, was Nachweise bakteriellen Lebens auf Meteoriten angeht, schon allein aufgrund der extrem hohen Temperatur beim Durchtritt in die Atmosphäre. Und doch verschafft es uns allen ein angenehm schauerliches Gefühl der Angespanntheit, wenn wir diese außerirdischen Steine finden. Die Voraussetzung für Leben ist flüssiges Wasser. Der Mars scheint tatsächlich Wasservorkommen zu haben, genügend Nischen, um Leben vor der schädlichen Strahlung zu schützen. Doch die Katze beißt sich in den Schwanz – wonach suchen wir genau?

Das Wetter verschlechtert sich, darum sind wir nur zu viert im Gelände. So weit wie heute haben wir uns noch nie vom Lager entfernt, es scheint wie eine fremde Galaxie zu sein, keine Spuren von anderen Menschen, auch nicht unsere eigenen, der Wind frisst sie sofort auf. Die Landschaft fast unwirklich, der Motorenlärm passt nicht dazu. Mich friert stark, der Wind nimmt zu, er lässt den Schlitten hinten am Schneemobil schlingern, spielt schon mit ihm, ich versuche, mein Gesicht mit den Händen zu schützen. Wir fahren in eine riesige Mulde, auch sie ist übersät mit Millionen von Steinen, der feine Schnee fegt rasend schnell über die vielen Augen wie Sand. Ich kann mich kaum aufrecht halten, der Wind scheint mich aus dem Gleichgewicht werfen zu können. Unbeholfen stehe ich auf dem Eis, spreize die Beine, um einen besseren Halt zu bekommen, meine Nasenspitze schmerzt, versuche, sie zu reiben, es nützt nur kurz. Menschliches Gewebe wird durch Gefrieren des Zellwassers zerstört. Winzig kleine Eisnadeln bohren sich durch die Zellmembranen, die Zelle leckt, verliert ihre Organellen, unwiederbringlich. Eine leicht erfrorene Nasenspitze bleibt ein ganzes Leben lang ein anfälliger Patient.

Wir sind schon über eine Woche hier in unserem selbst ernannten *Pecoraville*, das Flugzeug, das uns wieder holen soll, weit weg von uns, sitzt am Südpol fest. Gerade wird ein Marathon zum Südpol gelaufen, es ist die billigste Art, den Pol zu erobern. Mit 25.000 US-Dollars – die Hälfte der Kosten unserer elitären Reise – ist man dabei, egal, ob man schon jemals an einem Marathon teilgenommen hat und gut trainiert ist oder nicht. Man muss nur bezahlen.

Unser Funk funktioniert nur zeitweise, und auch dann verstehen wir nur Wortfetzen. Das Wetter ist weiterhin zu schlecht zum Fliegen. Warteposition. Eine ewig scheinende Warteschleife. Seit mehr als einer halben Woche sind die gefrorenen Überreste, welche wir von der Küche aus Patriot Hills mitbekommen haben, aufgebraucht. Übrig sind nur noch die Päckchen mit Trockennahrung. Es steht zwar auf der Außenseite, worauf die Geschmackspapillen reagieren sollten, aber die Reaktion ist erbärmlich. Die Teebeutel sind schon lange verbraucht. Wir behalten die alten Beutel, verwenden sie mehrere Male, über Tage hinweg dieselben, die Becher sind farbig, man würde eine Färbung des geschmolzenen Eises in der blauen oder violetten Tasse kaum noch wahrnehmen.

Jeder ist im Besitz von *einer* Tasse und *einem* Schüsselchen, *einer* Gabel und *einem* Löffel. Messer brauchen wir hier nicht, was sollen wir schneiden? Sind wir fertig mit unserem Mahl, dann wird das Geschirr mit Schnee ausgekratzt. Sparsam gehen wir um mit *grey water*, dem Abspülwasser, welches wieder mitgenommen und nach Chile geflogen werden muss. Die Abläufe werden zum Alltag, man gewöhnt sich daran. Wenn Roger abends auf dem Gaskocher Schnee schmilzt, sitzen wir alle reihum auf dem Boden der Jurte, jeder hält erwartungsvoll sein Schüsselchen hin. Roger befüllt sie und gibt sie weiter. Das Kondenswasser tropft uns wie immer in den Kragen, bei den Männern sprießen die Bärte und wir haben bald alle denselben Geruch. Was unterscheidet diese im richtigen Leben wohlhabenden Menschen von Gefängnisinsassen?

Wir sind völlig abhängig, wüssten nicht einmal, wie man den Kocher bedient, würde Roger etwas zustoßen. Es ist strenge Regel, niemand hat den Kocher anzurühren außer Roger und Denise. Paul ist ein gebranntes Kind, im wahrsten Sinne des Wortes. Vor etwa zwanzig Jahren ist sein Zelt aufgrund eines Gaskochers abgebrannt. Jetzt wird zynisch, was vorher noch größten Unterhaltungswert hatte, als man sich vorstellte, welchen Luxus man bei einer Traumreise in die Karibik für 50.000 US-Dollars bekommen kann: Silberbesteck, von dem man nicht einmal wüsste, welches wofür zu verwenden wäre, Früchte, von denen man immer noch nicht die Namen kennt, man lässt Essen auf weißen Tellern übrig; weiche Daunenbetten, täglich frisch gemacht, sanftes Wellenrauschen beim Einschlafen, leichte Vorhänge bauschen sich im kühlen Nachtwind.

Realität ist, dass man hier für 50.000 US-Dollars nur eine Gabel und einen Löffel bekommt, als Draufgabe für einen Selbsterfahrungsurlaub. Niemand macht uns das Bett, welches es nicht gibt, niemand hängt täglich frische Handtücher in ein gefliestes, helles Bad. Wir brauchen hier keine Handtücher, wir können uns nicht waschen, wozu auch? Die Hände dunkler, das Haar zerzauster, fettiger, abgebrochene schwarze Nägel, die Witze werden derber. Langsam bekommt die ganze Gesellschaft Charakter, denke ich mir. Jeder zeigt Profil, endlich erkennen wir uns gegenseitig. Die Maskerade fällt ab wie ein Eiszapfen von einem Hausgiebel im Frühling, schonungslos wird über Dinge gesprochen, die man 50 Breitengrade weiter nördlich niemals ansprechen würde, die Etikette würde es nicht erlauben.

Denise macht Inventur der verbleibenden Lebensmittel. Ernstes Gesicht. Wir haben kein Salz. Ich spüre langsam die Salzarmut am eigenen Körper, Kopfweh, Müdigkeit, dauerndes Bedürfnis nach Salz. Schlecke schon instinktiv meine eigene Hand ab und erschrecke zutiefst. Verhalten wir uns nach zehn Tagen ohne Supermarkt schon wie die Tiere?

Die Schokolade ist schon lange aus. Bei Temperaturen wie diesen müsste der Mensch etwa 5000 Kilokalorien täglich zu sich nehmen. Bei dem jetzigen Stand erwischen wir maximal 1000. Keiner von uns hat jemals Hunger gekannt, bevor er auf diese Reise gegangen ist, außer vielleicht den selbstgestrickten Hunger, den wir uns aus modischen Zwängen auferlegen. Jetzt lernen wir ihn kennen. Wir haben eine große Stange Wurst, jeden Tag essen wir ein Stück davon, jeden Tag denken wir uns andere Namen für sie aus, um zumindest dem Gehirn Abwechslung vorzugaukeln. Mailänder Salami, Schinken, Mortadella, hmmm. Roger hat abgepackte Kekse gefunden. Britische Armeekekse, das Ablaufdatum war vor sechs Jahren. Egal, sie schmecken vorzüglich, und was soll bei dieser Kälte schon verderben? Sogar die Nahrungsmittelvorräte in Scotts Hütte sind teilweise noch genießbar. Beinahe hundert Jahre alt. Ich habe noch einen kleinen geheimen Vorrat an Venusbrüstchen, feinstes Konfekt aus einer Spezerei aus Salzburg, nirgendwo sonst bekommt man diese Köstlichkeit. Ich teile nur mit Paul, bin wohl ein Schwein. Der Spender dieses Reichtums möge mir verzeihen.

Unmut durchzieht die ganze Gruppe. Sickert zwischen uns, spaltet uns, lässt das Eis und uns selbst grausam werden. Wir haben auf unserer Expedition wahrscheinlich den dunkelsten Tag erreicht. Das Warten in den Zelten, das Wissen, dass die Nahrungsmittel knapp werden (wie es im Westen heißt, wenn die Auswahl einmal nicht mehr so groß ist), zerrt schon die dunklen Seiten der Menschen hervor. Es ist erschreckend, reiche Menschen kaufen sich Exponiertheit, eine Prise Abenteuer, welche man im Grunde nicht einmal selber bestehen muss, und nun wird es eng um die Seele. Unser Auftrag, Meteoriten zu finden, ist erfüllt, die Gedanken sind schon wieder heimwärts gerichtet. Termine, Geschäfte. Und nun fehlt der ersehnte Punkt am Horizont, der Flieger, der schon lange hier landen hätte sollen. Wir sitzen in der Falle. Die Menschen bekommen Ecken, sie stoßen aneinander, es kommt zu Auseinandersetzungen, es wird laut, alte Reisefreundschaften werden in Frage gestellt. Unser Expeditionsleiter ist Idealist, besessen vom Eis, er versteht das Drängen der Termine in der anderen Welt nicht.

Jetzt hat er sich ergeben, sitzt in seinem Zelt, der Gram über das menschliche Scheitern breitet sich in dieser kleinen Zeltstadt aus wie eine dunkle Wolke.

Es ist grausam anzusehen. Ich stehe draußen, heute weht kein Wind, die Sonne hat wieder ihren Zauberstab in der Hand, spielt mit uns. Die anderen sind bereits alle in ihren Kokons aus teurer Daune verschwunden, ihre Geister schon weit weg, in der anderen Welt, wo die Räder sich drehen. Nur hier scheint sich nichts mehr in unserem Rhythmus zu bewegen.

Ich habe das Gefühl, laufen zu können, weit, schnell, obwohl die schweren Stiefel sich in diesem Schnee wie in Teig anfühlen, sind die Beine leicht. Das Bedrückende verlässt mich, kriecht zu den anderen ins Zelt, ich stehe auf dem alten Eis, der Schnee spricht seine Sprache, ich gehe, weit, in irgendeine Richtung, möchte mich leicht machen. Doch heute kann man gehen, wohin man will, das Gelb von *Pecoraville, population 12*, wie wir unser Heim genannt haben, erscheint immer entweder in meinem Rücken oder auf meiner Stirn. Wenn das Wetter umschlägt, geht man nur noch im Kreis, kein Weg führt mehr zu dem freundlichen Gelb zurück.

Es ist Mitternacht, kaum Wind, ich gehe zurück zu Pauls Zelt, mache vorsichtig den Reißverschluss der Außenhaut auf, jeder kann dieses Surren hören, zwänge mich vorbei an den gefrorenen Stiefeln, dem Rucksack, den Proben, seiner Urinflasche, all dem Ballast, der aus dem Innenzelt in den „Vorraum" geworfen wird. Öffne den zweiten Reißverschluss, berühre mit der Mütze das Zeltdach und streife somit seinen gefrorenen Atem von dem Gewebe. Eisig rieselt mir der Reif in den Kragen. Paul liegt resigniert in seinem Schlafsack, kann nicht schlafen.

„Paul", flüstere ich, „komm mit. Ich muss dir was zeigen." Er sieht mich fragend an, bekommt aber keine Antwort. Er vertraut mir jedoch, zwingt sich mühselig aus seiner warmen Hülle, ich ziehe mich inzwischen aus seinem Zuhause zurück und warte draußen auf ihn. Es dauert eine ganze Weile, bis er sich in die gefrorenen Stiefel gewagt hat, doch schließlich steht er im Sonnenschein neben mir auf dem Eis. Neben uns ist Schnarchen zu hören. Ich führe ihn weiter hinaus auf das Eis, stecke ihm meinen CD-Player in die Jacke, gebe ihm den Kopfhörer, aus dem Musik so schwer und mächtig wie der bleierne Himmel erklingt, dann knirschen meine Stiefel wieder zurück in das Lager. Ich lasse ihn allein.

Einen anderen Mann in blindem Vertrauen irgendwohin führen, um ihm etwas zu zeigen, zu geben, mag nach unseren Gesetzen, in unserem Rhythmus der Rituale von anderer Bedeutung sein. Hier, weit weg von allen Regeln, weg von den normalen Empfindungen unserer Gesellschaft, ist es ein Versuch, wieder den Fokus zu spüren.

Ich beobachte Paul vom Eingang meines Zeltes aus, er steht unbeweglich, scheint ruhig zu werden. Vielleicht kommt das Vertrauen in die Gruppe wieder zurück. Vielleicht. Es mag nirgends so verletzbar sein wie hier. Die Sonne kreist über unseren Köpfen, ohne unterzugehen, es ist spät. Ich befreie mich von den schweren Stiefeln, Elviras Schuhe stehen bereits in unserem Vorraum, beginnen schon zu frieren. Die weichen Innenschuhe, welche untertags immer feucht werden, nehmen wir mit in unsere Schlafsäcke, um sie etwas zu trocknen. Ich rolle mich in meine Fellweste ein und hoffe, dass uns der böse Geist wieder verlässt. Wünsche mir, wieder Sterne sehen zu können, die vielen Sterne durch das Dachfenster meines Schlafzimmers, unter meiner eigenen Decke zu liegen, ohne Socken und Schuhe, einmal wieder meine Sprache sprechen zu können.

Der Schlaf hier ist ein anderer. Archaisch. Von Träumen durchzogen. Keine Phantasie würde ausreichen, um sich Geschichten auszudenken, wie sie hier geträumt werden. Scheinbar unbewegliche Tage, in welchen man sich in der Weite befindet ohne viele Veränderungen, bringen dem Gehirn in der Nacht die größte Herausforderung. Die Höhen und Tiefen sind bisher ungelebte Größen, die Reisen im Kopf von weiterem Horizont, die Empfindungen, die am Morgen zurückbleiben, vertiefter. Sie halten lange an. Ob Segen oder Fluch, welcher den ganzen Tag lang Begleiter ist – ich weiß es nicht.

*

Der Stein liegt nun schon länger auf dem Friedhof in Fritzens. Die Hortensien trinken die Sonne und die Jahre. Der Mythos vom Eis wird weder Opa noch mir die blaue Blume bringen – zudem liegt es wohl in ihrer Natur, dass sie sofort verblüht, sobald sie gepflückt zu sein scheint. Somit wird diese Sehnsucht nach ihr zu einer unendlichen Reise, die wohl auch kein Friedhof unterbrechen kann.

Opa hat das kleine Kind mit seinem Durst nach Fragen und deren Antworten in eine fremde Welt geschubst, doch ganz andere Kräfte werden das Eis überdauern. Wird es auch Antworten bringen können, woher dieses Leben stammt? Dringen wir irgendwann so tief in diese Eisdecke ein, finden wir diesen Kristall?

Die ruhelose Suche nach der blauen Blume, wird sie jemals zum Ziel kommen?

Ein Kreislauf kennt keine Ruhe – mikroskopisch kleine Organismen sitzen auf Partikeln, die die Sonne mit ihrer Wärme in das Eis befördert, die Zellen frieren irgendwann in kunstvoll erscheinenden Luftblasenstrukturen in diesem Panzer ein und müssen ihren Stoffwechsel ruhen lassen. Doch die Sonne wärmt weiter und mit zunehmender Temperatur schubst sie etwas Wasser an, und über lange Jahre scheinbar verschlafene mikrobielle Gesellschaften werden wieder mit dem Schmelzwasser entlassen.

Endlich atmen.

Wahrscheinlich würde auch Opa jetzt lächeln und beständig weiterfragen.